"힌두 복음화에 불을 밝히다"

알씨다스

"힌두 복음화에 불을 밝히다"

알씨다스

초판 1쇄 인쇄   2017년 7월 15일
초판 1쇄 발행   2017년 7월 15일

편집 | H.L. 리처드 박사
역자 | 이계절

펴낸곳 | 해피소드
주소 | 서울시 금천구 가산디지털로 168 우림라이온스밸리
      B동 B113~114호
홈페이지 | www.book.co.kr
전화번호 | (02)2026-5777
팩스 | (02)2026-5747

ISBN   978-89-98773-29-8 03230

영어판 저작권
Edited by H. L. Richard

Originally published by ISPCK (Delhi) for CISRS (Bangalore) in English in 1999 under the title:
R. C. Das Evangelical Prophet for Contextual Christianity

이 책은 초판을 개정하고 간추려 편집한 것임. 인도에서 믿음을 고백하기(Confessing the Faith in India) 시리즈의 제
19권으로 출판됨. ISPCK(The Indian Society for Promoting Christian Knowledge) 출판사 대표 아쉬쉬 아모스(Rev.
Ashish Amos) 목사가 CISRS(The Christian Institute for the Study of Religion and Society)를 위해 출판함.

ISPCK
Post Box 1585, 1654 Madarsa Road, Kashmere Gate, Delhi-110006.
Tel: 2966323, Fax: 91-11-2965490, E-mail: ispck@nde.vsnl.net.in
Website: www.ispck.org

First edition 1995
Second edition 1999
ⓒ CISRS, 1995
ISBN: 81-7214-235-8

한국어판 저작권
Copyright ⓒ 2017 Gyegeol Lee
Seoul, Korea
Translated by Gyegeol Lee by Permission and Published by Happisode, Seoul, Korea
Printed in Korea

Rajendra
Chandra
Das

"힌두 복음화에 불을 밝히다"

알씨다스

편집 H. L. 리처드 박사 | 번역 이계절

추천사

● 추천사 01   16
상황적 기독교를 주창한 복음주의 선지자
진기영(영국 에딘버러대학교 선교학 박사. 인도 UBS신학교 교수)

● 추천사 02   18
문화존중 선교
조재형(미국 클레어몬트대학교 신학 박사. KC대학교 연구교수)

● 추천사 03   19
인도선교를 위한 최고의 종합안내서
임한중(미국 그레이스신학교 선교학 박사. 인도 선교사)

● 추천사 04   21
후커(Roger H. Hooker)
프레슬러 박사(Dr. Henry H. Presler. 인도 레오나드 신학대학교 교수)

● 편집자의 말   22
감사를 전하며(H. L. 리처드 박사)

● 번역자의 말   24
열정과 냉정(이계절 선교사)

1권 차례

[일러두기] 01 문장부호 ' ' (작은따옴표)가 쓰인 것은 다스가 직접 지은 제목이다.
02 편집자는 인도 고대어인 산스크리트어 단어들을 이탤릭체로 구별했지만
역자는 다른 단어들과 같은 서체로 표시했다.
03 본서는 총 2권 중 제 1권의 내용이다.

제 1장   **27**
I. 도입
II. 약력   **33**
III. R. C. 다스와 인도 기독교 신학   **40**

제 2장 | 회상   **52**
1. '내 영적 순례'   53
2. 다스의 세례(침례)를 둘러싼 사건   74
3. 꼴까따(옛 지명: 캘커타): 1911-1918   80
4. 다스와 영국성공회 서품식   82
5. 사역 지역과 발전   84
6. '바라나시 크리스트빤띠 아쉬람(그것이 어떻게 설립됐나)'   93

제 3장 | 힌두교 이해하기   **97**
7. '힌두교 연구'   98
8. '힌두교 접촉 시 필요한 현대 기독교 변증학 1'   99
9. '힌두교: 그 힘의 원천'   103
10. 바라나시와 순례자   105
11. 꿈부 멜라(The Kumbhu Mela)   111
12. '축제들과 신들'   114
13. '소가 중요한가 아니면 사람이 중요한가?'   117
14. P. D. 데바난단(Devanandan)의 현대 힌두교 연구   120
15. 요가에 관한 견해   121
16. '초월 명상'(Transcendental Meditation)   122

제 4장 | 전도   **123**
I. 기본 원리   **125**
17. '하나님 나라와 인도 복음화'

    a. 힌두교의 주변   128
18. '어떤 전도 원리'   133
19. 개인전도   136
20. 전도 대회는 있지만 실천은 없다   137
21. '바라나시-힌두교의 중심: 인도 기독교 정신에 도전'   138
22. '힌두교 접촉 시 필요한 현대 기독교 변증학 2'   141
23. 귀납적 접근   144
24. 교회와 세례   145
25. 나쁜 복음 중개자?   147

II. 실수로 드러난 접근법   **148**
26. 설교에 관해 K. 숩바 라오(Subba Rao)를 논평함
27. UP주에서 힌두 전도   150
28. '사악한' 바라나시   152
29. 바라나시에서 설교함   154
30. '교육 수준이 높고 신앙이 깊은 힌두들을 대상으로 하는 선교' 155
31. '힌두 성지 바드리나트(Badrinath)와 께다르나트(Kedarnath)의
    길목에서 복음을 전하는 전도단'   156
32. 전도 방법   157
33. 아마추어 같은 열정   158
34. 전도 태도   160
35. 적절하지 않은 선교 용어   162
36. '기독교인들과 라디오 사역'   165

III. 힌두들을 경험함   **167**
37. 바라나시에서 다스의 첫 8개월
38. 바라나시에서 22년   171
39. 전도 음악   176
40. 그리스도를 향한 비전   177
41. 개종자들의 문제   178

2권 차례

제 5장 | 문화 존중
I. 기본 원리
42. '종교 안에서 새로운 실험'
43. '인도 기독교 해석'

II. 아쉬람과 사두
44. 기독교 아쉬람의 외국적 얼굴
45. '인도 기독교 아쉬람'
46. 아쉬람와 사두
47. '바라나시 크리스트빤띠 아쉬람'
48. '아쉬람과 산야시-훈육과 훈련'
49. '훈련 장소로서의 아쉬람'
50. 아쉬람을 주제로 한 신학 연구
51. '결혼한 사두'
52. 가짜 기독교 산야시

III. 현지 방식 예배
53. '예수님의 증인됨과 현지 방식의 예배를 호소함'
54. '기독교 예배'
55. '현지 예배: 형식과 방법 제안'
56. 성만찬 필수 요소

IV. 기독교와 힌두교의 관계
57. 하나님과 민족들
58. '교회와 힌두교의 관계'
59. 힌두 개종자와 그의 문화유산
60. 힌두와 기독교인 종교
61. '대중 힌두교'를 향한 기독교 접근법
62. R. R. 께이탄(Keithan)에 관한 견해
63. 간디의 '강제적인' 금식
64. 다스와 파르쿠하르(Farquhar)
65. 월등한 기독교
66. 배타적인 구원, 교회 구성원 그리고 세례에 관한 K. 숩바 라오의 견해를 다룸

67. 1900년간의 기독교 사상
68. 혼합주의와 인도 신학

V. 사상과 성탄절
69. '성탄절 사색'
70. '하나님의 내려오심'
71. '성탄절과 그 전통 의식'

제 6장 | 신학 관점
I. 일반적 원리
72. 성경
73. 신학
74. 구약과 신약의 신
75. 참 기독교
76. 이단을 강조하는 교회
77. 예배와 순종

II. 잡다한 교리
78. 교회와 선교
79. 교회 밖 구원에 관한 K. 숩바 라오에 관한 견해
80. K. 숩바 라오의 혼합주의에 반대 1
81. K. 숩바 라오의 혼합주의에 반대 2
82. K. 숩바 라오의 혼합주의에 반대 3
83. '부흥'
84. 왜 좋은 사람들이 젊어서 죽는가?
85. 재성육신
86. 멈춘 기적
87. 잘못 강조되는 그리스도의 재림

제 7장 | 인도 교회와 외국 선교 단체
I. 외국 선교 단체

a. 일반적 견해

88. '오늘날 인도에서의 외국 선교사의 활동 지역과 효과'
89. '새 인도에서의 선교사와 선교 단체의 미래 역할'
90. 교회를 떠나되 나라는 떠나지 마라
91. 선교사의 자리에 인도인을 지명하기
92. 교회 안에서 선교 완성하기
93. 인도를 떠나도록 요청 받은 선교사들
94. '니요기 위원회(Niyogi Commitee) 전에 구두 진술'
95. 선교사와 부족 개종
96. 선교사 표어

b. 특정한 문제

97. 기독교 대학에서 실시하는 강제적인 성경 공부
98. '선교 단체 재산에 관한 끝없는 질문'
99. '교회 재산을 선교 단체 재산이라고 잘못 부름'

II. 인도 교회
a. 문제

100. '깊이 생각하고 솔직하게 질문하라'
101. '비민족주의 발전': 기원과 지속성'
102. '인도인의 좌절과 노력의 실패 이야기'
103. '현상수배: 혁명을 통한 인도 교회의 독립'
104. '교회를 자유롭게 하라'
105. 꼴까따 교회 관찰
106. '꼴까따에서의 증인의 주간(week)'
107. 꼴까따 교회 생활을 깊이 관찰함
108. '너무 많은 영향력을 행사하는 감독 직위'
109. 너무 쉬운 기독교인의 삶

b. 통합 운동

110. '근본적 통합은 교회 통합이 아니라 교회 초월이다'
111. 잘못된 통합 계획
112. '상징적인 그리스도의 몸과 현재의 교단들'
113. '아시아 기독교인들은 에반스톤(Evanston)을 지켜본다'

114. 에반스톤에는 교회 초월이 없다
115. '세계교회연맹(WCC)은 말로는 통합을 외치지만 현장에서는 분리를 추구한다'
116. 국가 기독교 위원회(The National Christian Council)와 그 가입 단체
117. CNI의 탄생
118. '그리스도 안에서 일치: 그 만족'

c. 새로운 방향?
119. 힌두 문화로 예수님을 따르는 것에 관한 역사적 견해
120. 새로운 교회의 첫 번째 동요?
121. 새로운 비전
122. '인도에서 예수님을 따르는 모임: 바라뜨 끄리스타 상가(Bharat Khrista Sanga)'
123. 미래의 인도 국민 교회

d. 새로운 복음주의자
124. '인도의 복음주의 교회'
125. 인도의 복음주의 교회(선교, 교회와 조직)
126. '데올랄리의 전도 집회에 모인 인도 전역의 국민회의당'
127. '국가 기도 모임'
128. 인도 오순절주의
129. '인도 기독교 성경 위원회'(The Indian Bible Christian Council)
130. '효과 없는 전도 사역'
131. '교회 생활이 행복하지 않고 선교가 열매를 맺지 못하는 이유'

e. 신학 훈련
132. '인도 신학 교육'
133. 학생들을 망치는 신학교들
134. '서양화 되는 인도인과 인도화 되는 교회'
135. 약한 지도자들
136. 신학 공부와 신학생들
137. 세람포르

f. 기독교 출판
138. '인도 기독교 출판'
139. 『구도자』(The Seeker) 간행 목적

140. 빈약한 신학의 방어
141. '무명의 소통'

g. 인도 교회의 선교
142. 외국 선교 단체와 인도 선교 단체
143. 해외로 파송된 인도인 선교사들
144. '남부 대탈출'

III. 인격과 운동
a. 선교사와 그들의 기관
145. E. 스탠리 존스의 죽음
146. E. 스탠리 존스의 아쉬람
147. 딸 아쉬람(Sat Tal Ashram)의 문제
148. J. C. 윈슬로우(Winslow)와 크리스타 쁘레마 세와 상가
       (Christa Prema Seva Sanga. 그리스도 사랑 봉사 공동체)
149. 무레이 로저스(Murray Rogers)
150. '인도 신학 저널'(The Indian Journal of Theology)
151. '빌리 그래햄'(Billy Graham)

b. 그리스도의 인도인 제자들
152. A. C. 짜끄라바르티(Chakravarty)의 아쉬람
153. A. C. 짜끄라바르티(Chakravarty)의 사역
154. A. C. 짜끄라바르티(Chakravarty)의 죽음
155. 인정받은 K. 숩바 라오(Subba Rao)
156. 극단적인 K. 숩바 라오(Subba Rao)
157. 마닐랄 쁘레크(Manilal Parekh)의 죽음
158. 크리스트 아쉬람에서의 사두 마다이(Sadhu Mathai)와 지도자 짠디(Chandy)
159. 사두 선다싱의 비밀 산야시 선교

c. 힌두교 연구를 위한 기독교 단체와 종교와 사회 연구를 위한 기독교 연구소
160. '힌두교 연구를 위한 기독교 단체'
161. 압빠사미(Appasamy)와 CSSH
162. 왜 설립된 것이 아니라 CSSH 였나?
163. 'NCC와 연구 센터'

164. CSSH와 순례자 폐쇄

165. '종교와 사회 연구를 위한 기독교 연구소'

d. 다른 연구소들

166. 'NMS는 어디에 있는가?'

167. 다른 아쉬람

168. 크리스트빤티 쌍가(Christpanthi Sangha)

169. 마르 토마스 교회(Mar Thomas Church Division) 분리

170. '인도 성 토마스 복음 교회'

171. 바라나시에서 힌두 대상으로 사역하는 로마 천주교

e. 힌두 지도자들

172. 마하트마 간디

173. 바라나시 바그완 다스 박사(Dr. Bhagwan Das)

제 8장 | 정치적 그리고 사회적 견해

I. 인도 상황

174. 영국으로부터 '독립'

175. 실패하고 있는 국민의회당

176. '모든 방향에서의 실패한 나라'

177. '인도의 미래 전망'

178. '교육과 종교'

II. 국제 관계

179. '서양과 동양'

III. 정치 영역에서의 기독교인의 문제

180. '민족주의는 쉽게 죽지 않는다'

181. 어려운 시기 때 기독교인의 의무

182. 애국 집회에 교회 건물 사용하기

183. 'MP주와 오리야주에서의 반 개종법'

상황적 기독교를 주창한 복음주의 선지자

진기영

영국 에딘버러대학교 선교학 박사, 인도 UBS신학교 교수
『인도 선교의 이해 1, 2』(CLC) 저자

라젠드라 짠드라 다스(이하 다스)는 인도의 대표적인 힌두 복음 전도자이다. 그는 두 가지 점에서 독특했다.

첫째, 다스는 정통 신앙을 갖고 있는 신실한 힌두, 높은 수준의 지성을 가진 교육받은 힌두를 대상으로 사역했다.

둘째, 다스는 인도 공동체 밖이 아니라 공동체 내에서 인도문화로 그리스도의 복음을 증거하고 공동체 내부로부터의 변혁을 시도했다. 대부분 힌두신앙에 대한 충성심이 약하고 못 배운 사람들을 대상으로 서양문화의 틀로 사역하고 있었던 인도 전도자와 외국 선교사들과는 사뭇 달랐다. 이런 점에서 편집자인 리처드 히브너가 이 책의 제목을 "상황적 기독교를 주창한 복음주의 선지자 라젠드라 다스"라고 한 것은 적절해 보인다.

이 책은 다음과 같은 면에서 매우 중요한 정보와 자료를 제공해 준다.

첫째, 문화에 대해 부정일변도인 전통적인 선교 방법론이 인도선교 현장에서 어떤 일들을 일으키고 있는지 보여준다. 많은 전도자, 선교사, 기독교인들이 힌두교를 우상숭배의 종교이고 미신이며 그들의 삶 전체가 우상에 오염되어 있다고 보고 인도문화와 단절된 삶을 살며, 인도문화를 정죄하고 공격한다. 그들은 기독교 메시지 전달이나, 예배나, 신앙생활이나 성경번역에서 탈 인도문화화 하는 경향이 있다. 그 결과 인도교회의 모습과 선교방법 등 모든 면이 서양문화화, 또는 외국문화화 되어 복음이 '이해될 수 있게 전달'되는 것을 가로막으며, 일반인들이 기독교를 매우 '불편한' 것으로 여기게 한다. 이것이 인도선교의 역사이고, 인도교회의 모습이

다. 2천년의 선교 역사에도 불구하고 주류 인도인으로부터 기독교가 철저히 외면당하고 있는 이유를 알 수 있다. 가슴 아프지만 전통적 접근방법이 낳고 있는 문제를 인식해야 한다. 인도인의 반응을 알아야 한다. 현재 우리 한인 선교사의 선교방법을 인도인과 인도문화는 어떻게 생각하고 있을까? 이 책에 그 답이 있다.

둘째, 새로운 인도 선교방법을 구체적으로 보여준다. 힌두철학을 전공한 다스는 50여 년간 바라나시와 여러 곳에서 신앙이 강한 정통 힌두를 대상으로 복음을 전했다. 그의 선교방법론은 이 분야에서 일하는 모든 선교사들에게 교과서이자 영감의 원천이다. 이 책의 편집자이자 현재 인도에서 사역하는 수백 명의 미국인 선교사들에게 영향을 끼치고 있는 리처드 히브너 선교사도 다스를 모델로 삼고 있다. 이제 이 책이 번역돼 우리도 그 모델을 직접 살펴볼 수 있게 되었다. 이에 감사드린다.

문화존중 선교

조재형
미국 클레어몬트대학교 신학 박사
KC대학교 연구교수

'알씨 다스'(이하 다스)는 '후기 식민주의 성서 해석'과 상통하는 문화존 중 선교 방식을 선구적으로 실천했다. 그가 남긴 글들을 통해서 우리는 그 의 선교 방식에 깊은 인상을 받는다. 그는 힌두교와 인도 문화에 대한 이 해 없이 일방적으로 행하는 선교 방법이 기독교가 말하는 평화를 전하지 못할뿐더러 효과적이지도 않다는 사실을 구체적으로 기술한다.

종교를 문화, 삶, 또는 문명으로 이해한 다스는 보다 포용적이고 평화적 인 방법으로 힌두교도에게 복음을 전해야 한다고 주장한다. 이것은 "선교 는 사막으로 들어가서 그것을 개간하는 것이 아니라 다른 사람의 정원으 로 들어가서 그 정원을 산책하고 즐기고, 그 정원이 더 아름다워지도록 가 꾸는 것이다."라고 말한 로저 슈더러라는 학자의 방향과 같다.

한국은 세계에서 미국 다음으로 선교사를 많이 파송하고 있지만, 대부 분의 한국 선교사들은 문화존중 선교에 대해 이해가 부족하다. 우리가 서 구화된 형태로 기독교를 전달 받았기 때문이다. 한국 교회뿐 아니라 한국 사회 전체도 서구 기독교의 영향을 받았다. 긍정적인 것도 있지만 한국인 들을 자본주의 탐욕과 문화 사대주의에 젖게 했다. 이런 상황에서 다스의 삶은 선교 신학과 방법에 대해 진지하게 성찰하게 한다.

인도인의 삶과 문화, 그리고 힌두교에 대한 풍부한 지식을 알려주는 이 책을 선교사 지망생 뿐 아니라 후원 교회와 단체의 사람들에게도 추천한 다. 다스의 사상에 전적으로 동의하든지, 일부만 동의하든지, 또는 부정하 든지 간에 그가 제시한 '문화존중 선교'를 고민하고 토론하길 바란다.

인도선교를 위한 최고의 종합안내서

임한중

미국 그레이스신학교 선교학 박사. 인도 선교사
논문 『힌두 박따들의 복음화를 위한 접촉점으로서의 박띠 신앙에 대한 연구』

인도는 가장 뜨거운 선교 현장이다. 이것은 인도에서 사역하는 선교사와 선교단체, NGO 수, 그리고 그들이 사용하는 막대한 재정 통계로 증명되고 있다. 그러나 선교사들이 과연 적절하고 효과적인 방법으로 선교하고 있는지에 대해서는 논쟁의 여지가 많다. 즉 한국 선교사들 중 상당수가 인도의 종교와 문화를 깊이 이해 또는 고민하지 않고 열정과 도전의식만을 가지고 사역하거나 과거 서구 선교사들의 제국주의 내지는 문화적 우월주의 시각에서 벗어나고 있지 못하고 있는 것을 언급하는 것이다.

인도 기독교 역사에서 토착화된 모델을 제시하려는 많은 노력들이 있어 왔지만 그 가운데서도 다스(R. C. Dass)는 매우 특별하고 핵심적인 인물이 아닐 수 없다. 그는 46년 동안 인도의 여러 지역 특히 힌두교의 심장이라고 할 수 있는 바라나시에서 크리스트빤티 아쉬람을 중심으로 주류 힌두교도들에게 복음을 전하여 많은 열매를 거둔 전도자요, 기독교 변증가요, 그리스도 정신의 실천가였다. 청년시절 아드바이타 힌두교와 기독교의 혼합 형태를 띤 브라흐마 사마즈에 심취했던 그는 예수 그리스도를 인격적으로 만난 후 예수 그리스도만이 힌두들의 모든 열정과 소망을 성취시킬 수 있는 참된 구루(스승)요, 구원자라는 사실을 깨닫고, 예수를 자신의 동족인 힌두교도들에게 온전히 전하는데 평생을 바쳤다.

이 책에서 다스가 지적하고 있는 서구 선교사들의 실패 사례들과 문제점들은 곧 오늘날 우리 한국 선교사들의 사례요 문제점이라는 사실을 인정하지 않을 수 없다. 그가 제시한 복음 전파태도와 방법론은 난공불락처럼 느껴지는 주류 힌두 복음화의 과제를 수행함에 있어서 숙고하고 따라야 할 지침서라고 할 수 있다. 다스의 글들은 필자가 문화교류학 박사과정

중 인도의 상황과 문화에 적합한 복음전도의 모델을 찾기 위해 수년간 고민해 온 문제들의 해답을 제시해 주고 있다.

　이 책이 한국어로 번역, 출판하게 된 것을 기뻐하고, 조만간 출간될 제 2권도 기대한다. 인도에서 사역하는 모든 분들, 인도선교를 준비하는 분들, 그리고 지금도 인도의 영혼들을 품고 기도하는 모든 분들에게 이 책을 기꺼이 추천한다.

우리는 R. C. 다스가 자신의 시대보다 앞서 나간 대가를 지불해야
했다는 것을 알 수 있다.

후커
(Roger H. Hooker)

NCC가 평가한 R. C. 다스의 신학과 다스가 소속된 단체의 견해와
상관없이 인도 바라나시의 교육 수준이 높은 힌두들은 다스가 '기독
교를 힌두들이 이해할 수 있도록 소통했다'고 생각했다… 그는 기독
교인들과 아주 다른 힌두를 친구로 사귀는 법을 알았다.

프레슬러 박사
(Dr. Henry H. Presler)

인도 레오나드 신학대학교 교수
(Department of Organized Research of Leonard Theological College)

● 편집자의 말
감사를 전하며

리처드 박사
(Dr. H. L. Richard)
남아공대학교 선교학 박사

이 책은 R. C. 다스(Rajendra Chandra Das. 이하 다스)가 직접 편집한 소규모 잡지들에 들어 있는 그의 글에 기초를 두고 있다. 『구도자』(The Seeker)는 1947년에서 1957년까지 발간됐고 1958년 초 『구도자와 순례자』(The Seeker and Pilgrim)라는 이름으로 바뀌었다. 그러다가 1963년 폐간됐고 『그리스도의 교회』(The Church of Christ)라는 잡지가 1964년 창간돼 1973년까지 발간됐다. 전에 바라나시 마뜨리담 아쉬람(Matridham Ashram)에서 사역했던 이슈와르 쁘라사드(Ishwar Prasad) 신부가 이 잡지들을 구할 수 있도록 도와줬다. 쁘라사드 신부는 이 잡지들이 폐간된 후에도 한 동안 출간해 준 패트릭 드수자(Patrick D'Souza) 감독에게 감사를 전했다.

다스는 자신의 생애 동안 세 개의 소책자를 발간했다. 첫 번째 소책자는 1950년대 발간한 『힌두에게 그리스도를 소개하는 방법』(How to Present Christ to a Hindu)이다. 이 책자는 알라하바드 소재 북인도 소책자와 책협회(North Indian Tract and Book Society)에 의해 여러 번 재판됐고 여전히 명맥을 이어가고 있다. 아마도 1962년 다스가 개인적으로 출간했다가 폐간된 것으로 보이는 『영생을 얻은 사람을 통해 본 하나님의 구속 사역과 창조적 다룸』(God's Redemptive Acts and Creative Dealings with One Who Found Life)은 현재는 찾기가 힘들다. 『인도인 제자의 회개』(Convictions of an Indian Disciple)는 1966년 CISRS에서 출간했었다.

다스가 자신의 말년에 쓴 미출간 자서전은 다스의 장남 스리 A. K. 다스가 북인도 심라와 델리에 유통시켰다. 그 밖의 여러 가지도 도와주고 격려해준 A. K. 다스에게 진심으로 감사드린다. 8년 동안의 꼴까따 생활을 기록한 200쪽 짜리의 이 자서전에 1930년까지의 그의 삶이 잘 정리돼 있지만 그 이후의 삶에 대해서는 거의 언급이 없다.

다스는 많은 논문을 썼고 다양한 출판사가 출판했다. 그의 논문을 사용할 수 있도록 해주신 분들께 감사드린다.

다스의 몇몇 친구들과 지인들이 정보를 보내왔다. 그 정보 가운데 일부만 이 책에 직접적으로 도움이 됐지만 나머지 자료도 다스의 배경을 이해하는데 아주 유용했다. 이 책 집필에 협력한 모든 사람들이 부족한 감사 표현을 너그럽게 이해해 주시길 바란다.

다스의 저작 가운데 선택한 것을 랄리첸 앤드류(Mr. Lalychen Andrews)가 다시 타이핑 해줘서 편집, 출판 그리고 인쇄 업무가 순조롭게 진행됐다. 기쁘게 봉사해 주신 것에 감사드린다. 전체 원고를 읽어주고 조언해준 많은 다른 친구들에게도 감사드린다.

처음에 언급되는 사람의 기여도 결코 가볍지 않지만 일반적으로 마지막에 언급되는 사람의 공이 가장 크다. 내 아내와 자녀들의 수고가 없었더라면 이 책을 집필하기 더 힘들었을 것이다. 어쩌면 불가능했었을 수도 있다. 가족의 지지와 축복으로 내가 이 책을 즐겁게 집필했다. 우리 가족 모두는 이 책을 읽는 분들이 내가 받은 비슷한 복을 받기를 기도한다.

열정과 냉정

이계절 선교사

다스는 힌두교도를 대상으로 선교하면서 마음에는 열정(믿음)을, 머리에는 냉정(지식)을 채우고 일한 선교사였다. 세계에서 열정이 가장 강하다고 인정받는 한국인 선교사들이 되새겨야 할 점이다. 선교에 열정이 필수적이지만 '열정만'으로는 건강하고 열매 맺는 사역을 기대하기 힘들다. 하나님께서 우리에게 '지성'도 주셨기 때문이다. 열정이 넘치는 한국인 선교사들에게 필요한 것은 더 많은 열정이 아니라 지성이다. 그래야 분별력이 생긴다.

22년 간 영어에 꼭 숨어 있다가 이제야 한국어로 나타난 다스는 배울 점이 많은 선교사다. 그는 믿음과 지식 둘 다에 균형을 갖춰 많은 열매를 거뒀다. 힌두들이 이해할 수 있는 복음을 전하기 위해 인도 문화를 연구했고 인도 문화에 적절하게 복음을 전했다. 힌두교는 ○○하다, 힌두 문화는 ○○하다, 힌두는 ○○하다, 힌두 문화의 ○○면이 복음을 소통하는데 도움을 준다 등 힌두교에 관련된 많은 것을 명쾌하게 설명했다. 그는 탁월한 통찰력을 갖고 있었다.

이 책을 통해 한국인 선교사들이 건강한 열매를 많이 맺기를 소망한다.

자신의 책을 무료로 번역, 출판할 수 있도록 허락해 주신 H. L. 리처드 박사님께 감사드린다. 그리고 귀한 추천사를 써주신 분들께도 감사드린다.

원서의 분량이 많은 점을 고려해 제 1권과 제 2권으로 나눠서 출간한다. 제 2권도 곧 번역돼 출간되기를 기도해 주시기를 바란다.

제 1장

I. 도입

  R. C. 다스(1887-1976. 인도 뱅갈 출신. 이하 다스)는 반박의 여지없이 20세기 힌두 선교의 중심인물이다. 1908년(21세) 인도 동부 뱅갈에서 세례를 받은 후부터 1976년(89세) 사망 때까지 그는 바라나시의 크리스트빤티 아쉬람(Khristpanthi Ashram. 그리스도를 따르는 사람들의 수련 기관)에서 46년 간 힌두 사역에 헌신했다. 20세 중반을 통틀어 다스의 기여를 빼면 어떤 인도 신학이나 인도 선교도 언급할 수 없다.[1] 즉 20세기 인도 선교의 어떤 연구도 다스를 언급하지 않고 끝낼 수 없다.

  다스가 어떤 종류의 전도를 추구했는지에 논쟁의 여지가 있다. 20세기 하반기 개신교단의 견해로 보면 다스는 개신교의 교리보다 신앙의 다양성(보편성)을 추구했다. 이것이 오해를 불러일으킬 수 있겠지만 사실 그는 명백히 주류 복음주의 개신교 전통을 따랐다. 이런 사실은 다스 자신의 글들에 자세히 나타나 있다.

  다스의 예언자적 사역을 언급하는 것은 여전히 더 논쟁의 여지가 있다. 다스가 가진 예언자의 특징을 논쟁한다면 아무도 그가 이 영역에 부족하다고 말하지 못할 것이다. 그는 자신의 세대의 관점을 초월하고 하나님의 보좌로부터 영감 받았다. 의심할 여지없이 그는 그 시대 대다수 기독교인들과 다른 관점을 갖고 있었다. 그의 관점이 어느 정도까지 하나님의 관점이었나를 토론할 수 있다. 그는 신중하게 힌두 전통의 관점에서 모든 문제를 관찰했고 자신의 저작들이 오해를 낳을 수밖에 없었지만 오히려 사람들이 그에 대해 가진 '선입관'으로 인해 그의 글들이 큰 가치를 부여받았다. 정말 통찰력 있는 예언자적 목소리와 힘이 이 책의 글 번호 104와 105에 들어 있다.[2]

다스의 삶을 옛 예언자들과 비교하려면 사실에 기초한 해석이 필요하다. 그는 하나님의 부르심에 응답하기 위해 인간적 성공을 멀리했다. 안타깝게도 그가 자신이 직접 체험한 것을 권위와 용기로 말했을 때 사람들이 자주 화를 냈다. 성경에도 예언자들이 핍박받는 내용이 나온다(왕상 19: 14). 물론 그가 항상 옳은 것은 아니었다. 그는 또한 자신의 장례식을 위한 비용조차도 남기지 않을 정도로 세상의 모든 가치를 포기하고 살다 죽었고 잊혀졌다. 그러나 그는 자신의 생명을 지탱하도록 한 사상과 이상 그리고 안목-미래가 증명할지 모르는-을 갖고 있었다. 그렇다고 그가 자신을 성경의 힘으로 예언하는 예언자라고 주장한 적은 결코 없었다.

다스는 자신을 먼저 전도자로 인식했다. 그는 역동적인 새 통찰력(힌두 문화에 적절한 신학에 관한) 이외에 어떤 다른 것도 제안하지 않았다.[3] 그는 자신이 인도 교회 개혁을 위해 부르심을 받았음에도 불구하고 신학과 실천에 있어서 현저하게 보수 전통을 추구했다. 그의 보수적 성향은 특히 높은 자존심으로 그리스도를 믿지 않고 있는 힌두들과의 관계를 다룬 글(이 책의 글 번호 80, 81, 그리고 82번 참고)과 세례를 강하게 강조하는 것(24번 참고)에 드러난다. 그는 인도 기독교 성경 위원회(India Bible Christian Council)가 추구하는 성경의 위치(근본주의)에 전적으로 동의할 수 있었다고 말할 정도였다(129번 참고). 이러한 그의 신념은 연구와 경험에 기초한 것이었다. 그리고 이 보수적 자세는 새 사상, 새 실험, 그리고 자신의 견해에 동의하지 않는 기독교인들과 최고의 협력을 모색하기 위한 방법이었다.

힌두 종교 의식을 채용하고 기독교 예배에 힌두 경전을 사용하는 것에 관한 저작(54번 참고)에서 다스의 보수 성향이 다시 나타난다. 그는 예수님, 마리아, 그리고 세례 요한을 인도인의 모습으로 만들어 보여주고 세례 요한이 힌두 제사장 계급 브라민들처럼 어깨에 거룩한 줄을 걸친 모습까지 후원한 NCC(The National Christian Council)를 비판한 가디언지(The Guardian)의 글을 다시 인쇄할 정도로 보수적이었다. 그는 그런 현지화를 '초자와 아마추어의 현지화다. 그들은 현지화가 엉터리 짓이라는 것을 증명하기 위해 의도적으로 그렇게 하는가?'고 말하며 가디언지의 비판에 완전히 동의했다.[4] 그러나 한 편으로 그는 라이문도 빠니까르 신부(Fr. Raimundo Panikkar)가 실천한 것처럼 힌두들과 높은 수준의 대화를 추구했다.[5]

다스는 영적으로 첸치아(P. Chenchiah)와 인도 남부 마드라스(Madras) '다시 생각하기 모임'(Rethinking Group)과 가장 성향이 비슷하다. 북인도 바라나시(Varanasi)에 살았던 뱅갈리(Bengali. 뱅갈 사람 또는 뱅갈어를 뜻함)로서 그는 물리적으로 그 모임과 멀리 떨어져 있었지만 인도 기독교에 혁명이 필요하다고 인식한 첸치아와 의견을 깊이 나눴다. 그러나 다스는 개인적으로 첸치아의 급진적 신학 혁신보다 압빠사미(A. J. Appasamy)의 보수적인 성향을 좋아했다.[6]

다스는 자신을 개인적으로 알고 있던 많은 사람들에게 약간 수수께끼 같은 존재로 남아있다. 특히 그의 가정생활은 행복하지 않았고 친한 친구와 자신의 사상을 지지하는 동역자가 부족해 힘들어했다. 그리고 다른 기독교인들과의 관계에서 실패했다. 그렇지만 자신을 거칠게 비난하는 글에까지도 그가 정말 따뜻하게 반응했다는 많은 이야기가 있다. 그러나 기본적으로 그는 그리스도와 진리

를 수호하기 위해 자신이 비판한 것에 왜 친구들이 힘들어 하는지 이해하지 못하는 것 같았다.[7)]

　인도 교회사를 공부하는 학생들은 다스의 글에서 흥미로운 내용을 많이 발견할 것이다. 세계 기독교 선교 역사가들은 당시 유력한 사상에 반대한 다스의 외로운 목소리를 기록해야 한다. 성경적 기독교를 인도식으로 깊게 표현하고자 투쟁하는 외로운 기독교인들은 얼마나 오래 그리고 힘들게 싸워야 하는지를 보여주는 한 구루(스승)겸 안내자가 여기 있다는 사실을 알아야 한다. 요즘 사람들은 전도와 관한 대화를 좋아하지 않는 것처럼 보이지만 여전히 살아 계신 구원자 그리스도 안에서 회개와 믿음의 말씀을 나눠야 한다고 믿는 사람들은 이 책에서 가치 있는 구루를 찾을 수 있을 것이다. 그 구루는 정말 훌륭했지만 당시 사람들에게서 무시 받았다.

　이 책은 다스가 직접 쓴 글을 엮은 것이다. 편집자는 필요한 곳에 최소한으로 전기적 밑그림을 그리고 분석을 했다. 다스의 저작을 정확하게 읽고 이해하기 위함이다. 다스는 오랜 기간 동안 다양한 주제를 다뤄 글을 썼다. 그래서 그의 저작을 편집해 이 책에 담는 작업이 작은 일이 아니었다. 더 많은 저작을 편집할 수도 있었지만 경제적(재정과 지면)인 면을 고려하지 않을 수 없었다. 그래서 하는 수 없이 쉽게 구할 수 있는 글들은 거의 제외했다.[8)] 다스의 사상과 사역의 중요한 가닥을 결코 잊어서는 안 된다는 신념으로 편집했다.

1) 다스는 다음과 같은 선교 대회에서 논문을 발표했다. 사딸 아쉬람 대회(1932년), 인도 신학 과제에 관한 대회(1942년 뿌네), 뱅갈로 대회 재개 모임(1948년), WCC 동남아시아 예배에 관한 믿음과 질서 위원회(1957), CISRS 힌두 개종자 대회(1963), CISRS 인도인의 예수 그리스도 이해에 관한 대회(1963년 자발뿌르), 힌두 개종자와 기독교 작가 대회(1964년 뱅갈), 신학 교육에 관해 인도 전국의 단체에게 조언하기 위한 논문(1968). 이 외에도 다스는 10대와 20대에 SCM 중앙위원회에서 일했고 1920년에서 1960년까지 NMS 전인도 위원회와 집행부에서 일했다. 또한 뱅갈, UP 그리고 국가 기독교 위원회에서 힌두 사역 대표로 장기간 일했다. 1940년에서 1957년까지 힌두교 연구를 위한 기독교 위원회의 설립자이자 주요 제안자였다.

2) R. D. Immanuel, 이 책의 글 번호 10과 38 같은 곳에 광범위하게 다시 드러난 주장에 관한 글. 즉 '논문들은 그의 개인 경험에 바탕을 두고 있고 그는 예언자의 불타는 열심과 열정으로 말한다.'; Pilgrim, Vol. 11 No. 3 1952, p. 7.

3) 다스의 전인적 관심과 만족을 고려하면 그를 문화에 적절한 복음을 고민한 사색가와 실천가라고 칭할 수 있겠다. 그는 항상 오래된 용어인 '현지화'(indigenisation)를 사용했다.

4) The Seeker and Pilgrim. Vol 13 No. 2, 1959, p. 18.

5) The Church of Christ, Vol. 8 No. 1, 1971, p. 21.

6) 이 경향은 1956년 마드라스 구루꿀 신학교(Gurukul Theological Seminary)의 신학자들이 첸치아(Chenchiah), 짜까라이(Chakkarai), 그리고 압빠사미(Appasamy)를 연구한 "힌두교를 향한 기독교 신학적 접근"(A Christian Theological

31

Approach)에 나타난 다스의 견해에 명백하게 나타난다. Seeker and Pilgrim Vol. 12 No. 1, 1958, pp. 35-36.

7) 다스는 '증오의 찬송가'(hymn of hate)가 공격을 받자 다음과 같이 해명했다. '우리는 어떤 사람도 증오하지 않는다. 우리의 말이 그것을 증명할 것이다. 우리는 가끔 부족한 견해지만 무엇이 악하고 해로운지 솔직하고 강하게 비판한다. 예를 들어, 우리는 선교사들에게 아주 솔직하게 교회(나라가 아니라)를 사임하라고 요청했다. 우리는 증오가 아니라 그들이 교회를 통제하는 것은 해롭고 사임하는 것은 구원을 이루는 것이라는 신념을 가지고 부탁했다. 우리의 기대와 달리 인도 기독교인의 수보다 많은 외국인 선교사들이 인도 기독교인들보다 더 높은 위치에서 활동하고 있다는 사실에 놀라지 않을 수 없다.' 다스가 증오로 말하지 않았다는 것은 정말 사실이다. 다음의 다양한 글들 즉 그의 말이 증명한다.

8) 제외된 글들은 다음과 같다. Convictions of an Indian Disciple (CISRS, 1966), How to Present Christ to a Hindu(NITBS, 1951, etc), Shree Shree Yishu Khrista (Indian Journal of Theology) XIV:3, July 1965).

II. 약력

다스는 1887년 뱅갈 동부의 한 시골에서 태어났다. 어머니는 다스가 세 살 때 돌아가셨다. 아버지는 다스에게 강한 영향을 준 독실한 힌두였다. 다스의 어린 시절과 기독교로의 개종은 이 책 제 2장에 자세히 소개했으므로 여기서는 짧게 언급한다.

다스의 가족은 땅을 소유하는 등 아주 부유했고 좋은 평판을 얻고 있었다. 그의 가족은 최하층인 나마수드라(Namashudra, 불가촉천민에 속하는 카스트) 카스트였지만 '불가촉천민' 이라는 모욕을 받으며 살았는지는 알려지지 않고 있다. 다스는 명석한 소년이어서 가족과 시골 어른들이 고등교육을 받도록 격려했다. 그래서 다카(현재 방글라데시 수도. 당시는 인도 영토)로 유학을 갔다가 침례교회에서 세례를 받고 기독교인이 됐다.

세례를 받은 날부터 다스는 기독교 사역으로의 부르심을 느꼈다. 그의 은사로 인해 곧 기독 학생회의 지도자가 됐다. 다스는 학부 과정에서 영어, 산스크리트어, 그리고 철학을 공부하기 위해 꼴까따로 옮겼다. 거기서 우등으로 졸업했다. 1915년 그는 재조직된 세람포르 신학 대학(Serampore Theological College)의 첫 수업에 참가했다. 그 대학은 침례교에서 일할 일꾼들을 배출할 목적을 갖고 있었다. 그러나 1년 후 그는 교육 내용에 만족하지 못해 다른 두 학생들과 함께 그 대학을 떠났다.

어떤 선교사들의 조언에 따라 다스는 교사가 되려고 철학 석사 과정을 공부하기 시작했다. 철학 과정 기간 동안 그는 꼴까따 성 바울 대학(St. Paul's College)에서 강의했고 기독교 사역에 깊이 관여했다. 1916년 다스는 영국 성공회로 옮겼고 평신도 복음 전도자로 임명 받았다. 1917년 결혼했다. 철학 석사를 마친 후 다스는 성 바울 대학 교수로 일했는데 일반적인 강의법과 달리 소크라테스의 (Socratic) 방법으로 강의했다. 그는 모든 문제 특히 힌두 문화를 존중하고 힌두 문화에 적절한 방식으로 사역해 많은 논쟁을 일으켰다. 그의 사역은 기존 서양식 사역에 비해 혁신적이고 깊이가 있었다.

성 바울 대학의 총장이었던 윌리 홀랜드 목사(Rev. W. E. S. Willie Holland)가 인도 교회와 기독교에게 더 많은 인도인의 참여가 필요하다는 다스의 급진적 의견을 여러 차례 소개했다. 홀랜드가 1년간 학교를 비웠을 때 다스의 의견에 반대하는 사람들이 일어났다. 다스는 자신을 지지한 총장의 보호 없이 반대파에 맞서야 했다. 그래서 홀랜드는 다스가 북인도 아그라에 있는 성 요한 대학에서 3년 간 일하고 자유롭게 뱅갈 지역으로 돌아오도록 했다.

이미 언급한 것처럼 다스는 자신이 무엇을 추구하는지 알았던 예언자적 인물이었다. 자신의 사상으로 인해 그는 자주 논쟁과 어려움을 겪었다. 그는 완고한 사람이라는 평판을 받고 있었고 아마도 자신의 견해로 인해 어느 정도 미움을 받고 있었던 것 같다. 아그라로 옮긴 후 다수의 뱅갈리 기독교인의 조언에 따라 다스가 서양 옷을 입기 시작했다는 것이 놀랍다. 슬프게도 성 요한 대학의 일부 사람들이 다스가 뱅갈 전통 옷을 입은 것을 보고 험담과 모욕을 했기 때문이다. 그래서 다스는 기독교인들과 평화롭게 지내기 위해 서양 옷을 입는 등 적극적으로 노력했다.

3년 간 다스는 뱅갈 동부 꾸쉬띠아(Kushtia)에 있는 CMS의 전도자로 사역했다. 2년 간 행복한 시간을 보내며 열매를 맺었지만 한 사건으로 인해 사역이 씁쓸하게 끝났다. 다스는 일요일 저녁 정기 전도모임에 자신이 알고 지내던 변호사 협회 회장인 한 힌두 변호사를 초대해 힌두의 자부심을 나누도록 했다. 다음날 아침 다스의 한 동료가 경고도 없이 지도자 위치에 있는 외국인 선교사에게 가서 편지를 받아 돌아왔다. 그 편지에는 다스가 선교사의 업무를 훔치는 나쁜 행동을 해서 그 편지 전달자를 다스의 자리에 임명한다는 내용이었다. 그 선교사는 다스가 기독교 예배에 힌두를 불러 설교를 하게 한 행동을 참지 못했고 다스를 이해하려는 어떤 시도도 하지 않고 그런 결정을 내렸다.

다스는 간신히 교수직은 유지했지만 얼마 못가서 해고됐다. 다스에게 공감한 선교사 친구들이 6개월 치의 월급을 마련해 그에게 주고 상황을 지켜보자고 했지만 결국 그는 그 선교사와 화해하지 못했다. 다스의 장모는 그에게 강단으로 빨리 돌아가는 것보다 미래의 전도 사역을 위해 하나님의 뜻을 기다리는 시간을 가지라고 권했다.

그 후 미국 선교 단체에서 운영하고 있던 하나님의 교회(the Church of God)가 다스에게 일자리를 제안했다. 알라우딘 칸(Al-laudin Khan)이라는 사람이 그 단체를 좌지우지하고 있었다. 그 단체는 여성들의 금 장신구 착용과 심지어 의사들이 진료하는 것에까지 반대하는 등 극단적 보수주의 성향을 띠고 있었다. 그들은 하나님께서 병자를 고치셔야 한다고 주장했다. 그들은 다스가 영국 성공회 신자여서 함께 일하자고 했고 다스는 비록 그들에게 전적으로 동의할 수 없었지만 그럭저럭 행복하게 성공적으로 일할 수 있었다.

그러나 1930년 바나라스 도시 연합 선교회(the Banaras United City Mission)로부터 정통 힌두를 대상으로 사역하자는 거부할 수 없는 제안을 받고 그곳으로 옮겼다. 그에게 여섯 명의 자녀(곧 일곱)가 있었고 그의 가족은 BUCM를 설립한 잭슨 부부와 정말 행복한 관계를 유지했다. 다스는 1946년 바나라스 도시 연합 선교회가 문을 닫을 때까지 그 단체 소속으로 일하며 일곱 개의 외국 선교 단체와 협력했다. 그는 바라나시 갠지스강의 중심부에 위치한 다사쉬와메드 가트(계단) 바로 위 즉 바라나시의 심장부에 크리스트빤티 아쉬람(Khristpanthi Ashram. 그리스도를 따르는 사람들의 수련 기관)을 세워 1976년 죽을 때까지 그 건물에서 살았다.

다스의 두 아들은 군인이 되려고 젊은 나이에 집을 떠났다. 그 가운데 하나는 싱가포르에서 일본군에게 잡혔다가 인도 독립 운동가 수바스 짠드라 보세(Subhas Chandra Bose)의 대원이 됐지만 버마에서 살해됐다. 다른 아들은 군대 생활 중 결핵에 걸려 크리스트빤티 아쉬람에서 아버지의 간호를 받다가 젊은 나이에 세상을 떠났다.

다스의 아내는 명확하지 않은 이유로 1946년 다스를 떠나 파키스탄 동부의 친정에서 20년 동안 살며 바라나시를 거의 방문하지 않았다. 부부가 헤어진 것에는 정치적 이유 즉 파키스탄 정부가 부모님의 재산을 몰수한다는 위협이 있었지만 분명 부부간의 문제도 없지 않았다. 다스의 다섯 명의 자녀들은 다스보다 오래 살았고 넷은 아직도 살아 있다.

1930년에서 약 1965년까지 다스는 교회와 선교 단체에서 중요한 인물이었다. 다스가 영향을 주고받은 네 개의 주요한 대운동을 이해하면 다스와 그의 저작을 제대로 이해하는데 도움이 된다. 첫째는 다스가 생의 대부분을 보낸 주류 교단과 선교 단체다. 그는 교단에서 사역할 때 기독교인의 삶의 거의 모든 면과 사역에 날카로운 비평을 가했다. 그가 자신에게 표현의 특권을 준 교단에서 성실하게 일했다는 것에는 의심의 여지가 없다. 그는 항상 교단 밖이 아니라 교단 안에서 일했다. 그러나 그의 비평은 자주 환영받지 못했다.

1955년경부터 다스의 삶과 사상에 오랫동안 존재하던 경향이 전면에 드러났는데 그는 드러내 놓고 주류 교단과 선교 단체와 다른 노선을 취했다. 다스는 교회의 오래된 서양 문화를 깨서 새 문화에 넣을 준비가 된 모든 사람들을 칭찬하고 지지했다. 그러나 그는 인도 남부 봄베이의 아자드 힌드 교회(Azad Hind Church)의 존 윌리엄스(John Williams)와 인도 남부 망갈로르(Magalore)의 호전적인 반 로마 천주교 십자군 동맹(anti-Roman Catholic Crusader's league)처럼 자신의 사상을 지지한 일부 기괴한 사람들은 전혀 좋아하지 않았다. 다스는 이런 인도 과격 신자가 아니라 선하고 영적으로 민감한 많은 사람들 가운데 새롭고 활력이 넘치는 참 인도 교회가 태어나기를 소망했다.

한 편 다스는 인도 기독교 과격파가 아니라 서양의 새 복음주의 운동이 인도 교회에 아주 부정적인 영향을 끼쳤다고 봤다. 즉 새 교회 문화를 일으키겠다는 인도 교회의 희망을 꺾었다고 확고하게 생각했다. 과격파는 정말 인도 기독교인의 삶과 사역에 완전히 새로운 형식을 만들어 낼 정도로 크게 이바지했다. 특히 비전과 열정이 아주 부족한 많은 주류 교단에 역동성을 불어 넣었다. 그러나 안타깝게도 다양한 종류의 오순절 계통의 인도 교단들 가운데 일어난 새 복음주의 운동들은 외형과 사역 형식에 있어서 서양보다 훨씬 더 서양적이었다. 재정적인 면에서도 다스가 도입하고 있었던 새로운 형식(힌두 문화에 적절한)에 반대한 다른 주류 교단보다 더 서양에 의존적이었다.

생의 후반에 다스는 로마 천주교회와 좋은 관계를 가졌다. 1970년 바라나시 천주교 감독으로 임명된 패트릭 드사우자(Patrick D'-Souza)가 다스를 따뜻하게 대했다. 오랫동안 복음주의에 토대를 두고 있는 바라나시 천주교에 자부심을 갖고 있었던 다스는 그 조직과 지속적으로 좋은 관계를 이어가길 희망했다. 뱅갈 지역에서는 함께 아쉬람을 시작할 적당한 사역자가 없었다. 그렇다고 로마 천주교가 다스가 세운 크리스트빤티 아쉬람을 계속 유지하지는 않았다. 크리스트빤티 아쉬람은 1976년 12월 22일 다스의 죽음과 동시에 문이 닫혔다. 같은 이름을 갖고 있지만 다른 지역에 설립된 로마 천주교 건물은 오늘날까지 바라나시에 유지되고 있다. 그렇지만 그 천주교 아쉬람은 진정한 의미에서 더 이상 아쉬람이라고 부를 수 없다.

다스의 죽음 이후 살아 있고 역동적인 운동이 일어나지 않았다. 그러나 그는 자신의 가르침과 사상이 많은 사람들의 사고에 효모처럼 발효시키는 중요한 영향을 끼쳤다고 확신했다. 그의 사상의 일부 특히 외국 선교사들과 관련된 것은 지금 역사적 관심사로만 남아 있지만 인도 기독교에 대한 그의 인식은 여전히 유효하고 그가 처방한 강한 약이 소화될 때 혁명적인 변화가 일어날 것이다. 그리스도를 주로 시인하는 모든 사람들은 높은 이상을 가지고 성실하게 희생하며 성경적이고 인도적인 가치를 추구했던 다스에 감탄하지 않을 수 없을 것이다.

III. R. C. 다스와 인도 기독교 신학

다스는 비판적 사고로 상황을 파악했다. 대부분의 그의 사상과 글은 조직적인 특징보다도 상황적인 특징에 관심을 갖고 있다. 이 짧은 도입에서 그의 사상을 명확히 설명하기 어려우므로 그의 사상의 몇 가지 중요한 면에 초점을 맞춰 일반적으로 소개할 것이다.

다스는 종합적이고 역설적인(틀린 것 같으면서도 옳은) 사상가였다. 그는 자신이 힌두 출신의 기독교인의 삶과 사상에 최고의 기여를 했다고 자부했다. 그러나 의심할 여지없이 당시 기독교인들은 다스의 생각을 받아들이지 못해 대체적으로 반감을 가졌고 오해하고 거부했다.

이 책에 많은 사례가 등장한다. 호전적인 반 교회 연맹의 모습도 나타난다(제 7장 제 2부 b 참고). 사람들이 계속해서 다스가 속한 NCC(The National Christian Council)에 총구를 겨눴지만 반대로 다스를 지지한 사람들은 NCC를 적극적으로 방어하며 보수주의자 즉 인도 기독교 성경 위원회(India Bible Christian Council)를 공격했다(116, 150, 163, 129 참고). 다스는 자신이 비판한 사람들과 자신이 많은 공통점을 갖고 있다고 여겼다. 그러나 다스가 공격했던 사람들은 자주 이 공통점을 느끼지 못했다.

다스는 역설로 자신의 의도를 흐리게 하지 말아야 하는데도 여기저기에서 역설을 사용하는 모순을 범했다. 그는 신과 인간의 자유를 명쾌하게 설명했다. 그는 많은 경우 극단적으로 인본주의적 견해를 취했다. 심지어 하나님의 은혜에서 떨어져 나간 아브라함의 믿음을 성경의 가르침과 조화시키기 불가능하다고 했다(79번 참고). 그러나 다른 글(1번 참고)에서 다스는 비쉬누 사상을 가르치는 고양이

학파(the cat school. 아기 고양이들의 생명은 엄마 고양이에 달려 있다고 가르침)를 지지한다. 즉 어거스틴 신학처럼 하나님께서 인간에게 주체적이고 자유로운 은혜를 주신다는 것을 믿는다.

많은 사람들은 힌두교를 공감하고 종합적인 접근을 시도한 다스를 타협과 혼합주의의 경계에 서 있다고 봤다. 아마도 다스가 힌두교 안에 존재하지 않은 빛을 착각해서 봤거나 많은 기독교인들이 보기를 거부했던 어떤 참 빛을 힌두교 안에서 확실히 봤을 것이다. 성경적, 이성적, 그리고 경험적으로 힌두와 기독교인의 관계를 올바르게 해석하는 수준이 여전히 어린아이 수준에 머물러 있지만 다스는 해석과 사역에 있어서 자신의 시대를 앞서 갔던 소수의 개척자들 가운데 속한다.

또한 이상주의자였던 다스는 사상뿐 아니라 실천에 있어서도 높은 기준을 갖고 있었다. 그는 다시 자신의 이상주의를 힌두교와 관련시켰다. 왜냐하면 대부분의 힌두교 학파가 이상주의를 추구하고 대중적인 관점에서 실제로 모든 힌두교가 이상주의 성향을 띠기 때문이다. 이런 점에서 기독교인의 삶과 사상에 높은 기준과 목표를 설정한 다스가 확실히 옳았다. 다만 그의 죄에 관한 경험과 죄에 관한 성경의 이해가 자신의 이상주의를 어느 정도 부드럽게 했다.

이 책에 모아놓은 다스의 글들의 대부분은 기독교인들을 위한 것이라는 것을 인식하는 것이 아주 중요하다. 또한 교회와 선교 단체로부터 엄청난 비난을 받았던 다스가 "모든 단점, 약점, 그리고 태만과 과실의 죄에도 불구하고 교회는 세상에서 성경의 핵심을 전달하는 최고의 기관이다."라고 말했다는 것을 기억하자(66번 참고). 놀랍지 않게 다스는 이 말을 교회를 비판한 사람들에게 했다. 독특하게 이 책 94번의 글은 다스가 교회 밖 청중들에게 한 것이다. 다스의 참 사상을 연구할 때 그가 교회 안팎의 사람들에게 말할 때 보인 어조의 차이를 중요하게 고려해야 한다.

이 책에 들어 있는 다스의 대부분의 글은 다스의 사상의 발전과 성숙을 드러낸다. 그는 1947년 즉 거의 60세 때 자신의 잡지를 출판하기 시작했다! 이런 이유로 글을 발표한 날짜는 거의 중요하지 않다. 물론 편집자는 이 책의 모든 글의 끝에 발표 날짜를 썼지만 말이다. 다스는 초기에 평화주의(힌두교와 기독교 사이의 평화 추구)를 옹호했다가 나중에 평화주의자들의 신념에 깊은 존경을 표하며 전통 기독교 쪽으로 기울었다.[9]

다스가 1911년 즉 가장 초기에 쓴 글들은 간증(1번 참고)이다. 그 후 내용을 보강하고 고쳤다. 이 책에 분류된 각 장들의 주제는 엄격한 의미에서 정확하지 않다. 왜냐하면 다양한 주제들이 많이 중복되기 때문이다.

비록 다스의 학문적인 지식이 대부분의 기독교인과 많은 힌두들을 뛰어넘지만 엄밀한 의미에서 그는 힌두교 학자가 아니었다. 힌두교를 정의하는 어려운 문제에서 그는 셈학(the Semitic)의 관점에서 힌두교는 종교라기보다는 종교의 집합체(a group of religions)라는 일반적인 견해에 동의했다.[10] 그는 신학교에서 강의할 때와 자신의 아쉬람과 관계된 힌두교 연구소(the Institute of Hinduism)에서 연구할 때 대중 힌두교의 관점에 초점을 맞췄다. 이 책 **제 3장**에 '적용의 관점에서 힌두교 이해하기'가 들어 있다.

한 번 이상 드러나겠지만 다스는 힌두교에 아주 비판적이었는데 특히 자신의 견해가 적절하다고 확신했을 때는 아주 적극적으로 비판했다. 그는 가장 격렬한 용어로 힌두교를 언급했다. 그는 다양하고 전형적인 힌두의 모습에 보이는 많은 약점과 죄를 잘 알고 있었다. 기독교 선교 단체와 교회에 관한 그의 생각에도 같은 면이 보인다. 그는 자주 기독교의 부정적인 면에 초점을 맞췄다. 그러나 힌두교를 언급할 때는 그러한 태도를 의식적으로 피하려고 했다.

전도는 다스의 관심과 소명의 핵심이었다. 힌두교 연구는 전도를 돕기 위함이었고 힌두교 비판은 필요한 면에서 조화를 이루기 위함이었다. 기본적으로 힌두 문화를 존중하면서 이런 작업을 수행했다. **제 4장**은 다스의 이론, 잘못된 실천 비판, 그리고 개인전도에서 경험한 다양한 것들과 관련 있다.

전도 관심과 나란히 또는 관련해서 다스는 인도 교회를 인도 문화에 적절하게 만드는 일에 헌신했다. 이것은 전도와 상관없는 일이 아니었다. 이 일에 아쉬람이 중요한 위치를 차지했다. 그는 자신이 추구한 '진정한 인도 신학'(A truly Indian Theology)을 '인도 문화에 적절한 기독교인 만들기'와 함께 발전 시켰다. 논리적으로 다스의 일반 신학적 견해(제 6장 참고)를 실제적인 전도 관심(제 4장 참고)과 문화 존중(제 5장 참고) 앞에 배치했더라면 좋았을 것이다. 그러나 다스는 신학자가 아니었으므로 전도와 문화 존중에 관한 그의 사상을 신학적 견해 앞에 놓는 것이 더 적절하다고 판단했다.

이미 밝혔듯이 전통 기독교 관습을 따른 다스의 모습은 그의 일반 신학적 견해와 관련된 장들에서 명확하게 드러날 것이다(제 6장 참고). 인도 신학에 있어서 그의 독창성이 부족하다는 것은 이미 밝혀졌지만, 이에 대해 우리는 근거가 확실한 견해를 가지고 평가해야한다. 이런 이해와 조건을 고려하면 아마도 다스가 인도 기독교 신학에 기여했다고 말할 수 있을 것이다. 다스의 관점을 분석한 후 유일하게 내릴 수 있는 결론은 다스가 옳다면 진정한 인도 신학을 만들기 위한 기초 전제조건이 여전히 갖춰지지 않았고, 사람들이 기초 전제조건을 갖추는데 별 관심도 없다는 것이다.

인도 신학은 인도 환경에 있는 인도 교회만이 발전시킬 수 있다(42, 43번 참고). 이런 의식이 인도 교회에 거의 소개되지 않고 있는 상황에서 중요한 신학적 기여 즉 인도 신학을 기대하는 것은 시기상조다(22, 54 103번 참고). 인도 신학은 완성을 향한 단계에서 실수 심지어 사고를 동반하며 천천히 발전할 것이다.[11] 인도 신학은 근본적으로 지적인 것이 아니라 하나님의 백성들의 삶과 예배에 관련된 경험적인 것이 되어야 할 것이다(150번 참고). 그리고 영적이고 지적인 것뿐 아니라 정치적이고 사회적인 문제를 포함하는 전인적인 것이 될 것이다(제 8장으로 향하는 견해).

다스는 기독교와 힌두교에 관련된 일을 하면서 살았지만 그런 면이 그의 글에서 항상 명확하게 일관성 있게 나타나는 것은 아니다. 다음의 글들을 보면 그가 전통 보수 개신교도로 보인다. 힌두교는 '하나님으로부터 명확한 계시를 받지 못해' 고통당하고 있다(61번 참고). 우상숭배와 카스트는 오직 힌두교의 '소멸'과 함께 사라질 것이다.[12] 그리스도를 진정으로 믿는 사람은 교회에 나와 기독교를 따를 것이다(66번 참고). 그러나 전통적인 접근과 달리 그는 힌두 경전에 들어 있는 '하나님의 계시의 중요성'도 언급한다(50번 참고).

다스를 파르쿠하르(J. N. Farquhar)가 자세히 설명한 성취신학 (fulfillment theology)을 변형한 대표적 인물이었다고 고려하는 것이 가장 적절하다고 본다. 다스는 자신이 파르쿠하르의 사상을 받아들였다는 것을 부인했지만(64번 참고) 파르쿠하르처럼 성취 신학 용어를 주저하지 않고 사용했다. 그는 리그베다(Rigveda)에 나오는 쁘라자빠띠(Prajapati)가 그리스도를 가리킨다는 것을 수용한 반면 무의식적(mechanical) 성취 개념에는 반대했다(62번 참고). 언뜻 보기에 그가 이해한 리그베다의 쁘라자빠띠는 파르쿠하르와 똑같지 않은 것 같다. 다스는 쁘라자빠띠의 희생이 죄의 정화를 위한 것이었다는 것을 증명하지 않았다. 이 점을 그가 증명한다 해도 사람들이 보통 이해하지 못할 것이다.

'기독교는 발효되어 힌두교를 내부에서 변화시켜야 한다.'고 제안한 다스는 성취 사상을 넘어선 것이다. 힌두교 기관과 조직들 즉 율법적 제도가 파괴될 것이다. 그러나 기독교의 은혜로 깨끗해지고 채워진 힌두교의 진짜 보물들 즉 윤리적이고 영적인 가치들은 교회 안에서 생명력을 유지할 것이다. (22번 참고).

다스는 아주 비힌두적인 용어 '종교'를 사용할 때 항상 새롭게 설명했다. 이 단어를 사용할 때 그가 전통적인 종교 사상의 개념을 바꿔 사용했다는 것은 이미 밝혔다. 그러나 자서전을 쓰면서 그는 종교를 '문화와 경작'(culture and cultivation)으로 정의한 것처럼 보인다(60번 참고). 다른 곳에서 그는 종교를 '문화와 삶'(culture and life)로 정의했다. 다스는 인도 기독교인들이 서양에서 시작된 '기독교 종교'(Christian religion. 다스가 사용한 용어)를 수용한 것을 비판했다. '복음의 진리는 보편적이지만, 인간에게 구체화된 진리 안에 존재하는 종교는 시대와 문화에 따라 지역적이고 임시적이고 변할 수 있다. 하나님의 보편적인 복음은 모든 민족과 사람이 동일하게 이해하고 수용할 수 있지만 종교는 현지의 특징과 문화적 기후에 따라 다른 나라, 다른 형식, 다른 색깔 안에서 역사하시는 성령님의 지도 아래 인간이 진화시킬 수 있다.'(60번 참고). 폭넓은 사상을 갖고 있었던 다스의 이 수수께끼 같은 견해를 많은 기독교 교파에는 적용할 수 있지만 모든 비기독교 종교에 적용할 수는 없다.

자신을 '힌두 크리스천'(Hindu Christian. 힌두 문화 속에서 예수님을 따르는 신자)이라고 생각한 다스는 힌두 크리스천 운동이 일어나길 진심으로 희망했다(119번 참고). 이런 맥락에서 다스는 힌두 문화에서 크게 성공한 다른 박띠 운동(Bhakti movement. 헌신 운동)을 포함한 비쉬누파(Vaishnavism)와 쉬바파(Saivism)를 '힌두 기독교'가 본받아야 할 형식이라고 확언한다. 물론 힌두 박띠 운동이 역사적인 그리스도를 무시한 치명적인 흠을 갖고 있지만 말이다. 다스의 이 주장은 역사적으로도 신학적으로도 가능하지 않다. 아마도 그의 주장에 동의하는 사람들이 압도적으로 소수인 상황에서 품은 희망으로 여겨야 할 것 같다.

아마도 다스는 미래의 인도 교회를 향해 믿음을 가졌던 것 같다. 힌두들 가운데 소수가 계속해서 그리스도께 나와 세례를 받을 것이다. 그러나 다수는 그러지 않을 것이다. 오히려 그리스도가 완전한 빛으로 나타나기 전까지 힌두교가 내부에서부터 서서히 변할 것이다. 그러면 인도 교회와 이 새 힌두교가 '거룩한 보편적 교회 안의 견고한 공동체 안에서 연합할 수 있을지도 모른다.' 다스는 이 세례 받지 않은 힌두 교회의 모습을 추측하기를 거부한다(123번 참고). 그러나 다음과 같이 희망하고 기대한다. '만약 성령님이 교회 구조 밖에서 계속해서 일하시면 힌두들이 머지않아 깨어날 것이다. 그들은 힌두 문화와 삶(culture and life)을 영위하겠지만 믿음으로는 참 기독교인이 될 것이다(119번 참고).

이 책의 가장 긴 장은 외국 선교 단체와 인도 교회다(제 7장). 우리는 이 장을 통해서 많은 선교 단체가 다스를 좋아하지 않았다는 것을 알 수 있다. 그러나 당신이 교회와 선교를 향한 사려 깊은 비전을 갖고 있다면 다스의 사상의 가치를 알아볼 수 있을 것이다. 그의 비전이 현실적인지 아닌지는 논쟁의 여지가 있다. 다스가 자신의 비전을 체계적으로 소개했더라면 더 좋았을 것이다. 또 하나 아쉬운 점은 그의 비판적 성향이다. 비록 그가 긍정적인 결과를 기대하며 남의 잘못을 날카롭게 비판했지만 그것이 도리어 소통을 막는 결과를 초래했다.

다스가 자신이 비난했던 교회와 선교 단체의 변두리 그리고 NCC와 NMS에서 살며 일했다는 것을 다시 기억해야 한다. 더 고차원적이고 더 진실한 연합을 희망한 그는 단순한 교회 연합에 반대했다. 그리고 보통 선교사들에게는 비판적이었지만 자신이 친구로 여긴 많은 선교사들에게는 그런 태도를 취하지 않았다. 대부분의 경우 그는 인도 교회와 선교 단체 구조 속에서 힌두교 연구를 위한 기독교 협회(the Christian Society for the Study of Hinduism)와 함께 일했다. 나중에 다스는 설립 예정이었던 CISRS의 편을 들었다는 이유로 이 협회를 사임하라는 요청을 받았지만 거부했다. 그는 자신의 사임이 자신이 추구한 문화 존중 사역과 전도에 해를 끼칠 것이라고 확신했다.

마지막 장(**제 8장**)은 다스의 정치적 그리고 사회적 견해를 짧게 모아 놓은 것이다.

다음은 일러두기다.

세 개의 점(…)은 한 단락의 어떤 단어나 문장들이 생략됐다는 것을 가리킨다.

모난 괄호 [-----]안에는 다섯 개의 대시가 있는 것은 단락 안에 단어나 문장들이 생략된 것이다.

([—])은 하나 또는 둘 이상의 단락이 생략됐다는 것을 말한다.

다스는 내용이 다른 견해들을 다른 단락으로 나누지 않고 긴 단락에 모아놓는 경향이 있었다. 편집자는 독자들을 돕기 위해 긴 단락의 경우 새로운 단락으로 나눴다. 다스는 필요하지 않은 경우에도 자주 대시(-) 부호를 사용하는 습관을 갖고 있었다. 이 글의 대부분에도 대시가 있다. 편집자는 특별히 불필요한 몇 부분에서는 그의 대시를 제거했다. 다스는 불필요하게 교회(Church), 선교(Mission), 사랑(Love) 등 아주 많은 명사들을 대문자로 쓰곤 했지

48

만 가끔은 그렇지 않았다. 편집자는 불필요한 대문자를 소문자로 수정했다. 그는 또한 산스크리트어를 대문자로 썼지만 편집자는 아쉬람(ashram)과 구루(guru) 등 영어로 일반적으로 알려진 소수의 용어들을 제외하고 이텔릭체로 바꿨다.

다스는 인도 용어와 이름들의 철자를 일관성 있게 쓰지 않았지만 여기서는 고치지 않고 그대로 유지시켰다. 예를 들면, 특히 뱅갈어 o/a (Brahmo or Brahma, Somaj or Samaj), b/v (anubhab or anubhav). 편집자는 확실히 틀린 철자들은 수정했다. 예를 들면 'Penticostal'을 'Pentecostal'로 고쳤다. 다스는 이 단어의 철자를 잘못 표기했다.

다스는 항상 자신을 3인칭(그) 또는 1인칭 복수(우리)로 표현했다. 이것은 독서를 전혀 방해하지 않지만 여기에 밝혀둔다. 각 장들의 제목 가운데 많은 것들이 다스가 직접 지은 것이다. 따옴표(' ')로 된 것이 다스가 직접 만든 제목이고 그렇지 않은 것은 편집자가 만든 것이다. 차례가 자세하고 적절해서 따로 색인(찾아보기)을 만들지 않았다. 색인으로 찾을 수 없는 글을 찾는데 도움을 주기 위해 책에 약간 표시를 했다.

글을 쓴 다스의 목적과 기대는 『그리스도의 교회』(The Church of Christ)의 마지막 호의 마지막 글에 명확하게 요약돼 있다. 편집자도 그와 같은 목적과 기대를 갖고 있다.

'나는 이 부족한 출판을 통해 힌두 신앙과 문화 배경을 대상으로

한 전도와 해석의 문제에 대해 확실한 이상과 기준을 유지하려고 시도해 왔다. 이 작은 글들의 자극을 통해 기독교가 원래 기독교의 영광으로 인도에 교회를 세우는데 도움을 주고 있고 있다고 믿는다. 그리고 교회 안팎에 정의, 자유, 그리고 형제애를 깨우는데 부족한 기여라도 하고 있다고 믿는다.

삶과 운명의 주인이신 살아있는 그리스도가 인도 교회와 내 조국을 인도해 주시길 기도한다.[13]

9) 다스의 평화주의 견해를 자세히 알고자 한다면 다음을 참고하라. 'The Sword and Jesus Christ', The Guardian, Oct. 5, 1939; 평화주의를 거부한 견해는 께이탄(R. R. Keithan)에게 보낸 다음의 편지에서 볼 수 있다. The Church of Christ, Vol. 10 No. 3, 1973; 그리고 평화 조직에 관한 견해는 다음의 자료에 있다. The Church of Christ, Vol. 9 No. 3, 1972.

10) Das, R. C., 'Shree Shree Yishu Khrista', Indian Journal of Theology, Vol XIV No 3, July 1965.

11) '인도 신학을 추구하는 과정에서 사고가 있을지도 모르거나 사고가 있을 테지만 인도 신학 추구의 목적은 아주 중요하고 긴급한 것이어서 인도 교회가 위험을 감수해야만 하거나 감수할 것이다.' (The Seeker, Vol. 4 No. 3, 1950).

12) 소멸은 1932년에 발표된 글(이 책 17번)에 언급됐지만 비슷한 견해가 1959년에 쓴 다음의 글에도 보인다. '힌두교는 우상숭배와 카스트라는 두 개의 위대한 반쪽짜리 진리의 바위 위에 쓰러질 것이다.'; (The Seeker and Pilgrim), Vol 13 No. 1, 1959.

13) 'The Church of Christ', Vol. 10 No. 3, 1973, p. 31.

제 2장 | 회상

(37, 38, 93, 139번 참고)

'내가 기독교인이 된 것은 힌두교가 완전히 약하거나 잘못됐거나 나쁘거나 강하지 않거나 참되지 않거나 충분히 선하지 않아서가 아니라 기독교의 힘, 진리, 그리고 선함 때문이다.'
Convictions of an Indian Disciple, p. 11.

'나는 전도자다.'
Testimony before the Niyogi Commission.

'몇 년 간 나는 많은 개인과 모임과 신자들에게 호소했다. 그러나 기독교인들은 강하고 원색적인 형식을 추구하는 힌두교를 대면하는 것에 자신 없고 두려워하는 것 같다. 나는 하늘의 아버지의 사랑의 손에 모든 것을 내려놨다.'
The Church of Christ, Vol VI, No. 2, 1969, p. 16, 다스는 재정 부족으로 크리스트빤티를 닫는다고 알렸다(아직 닫지는 않은 상태였음).

'의식이 있는 사람은 "참을성 없는" 사람이 되어서는 안 된다. 하나님께서 역사를 통제하는 것이 아니라 역사의 통제를 받고 있다고 믿는 것은 믿음 부족을 나타내는 것이다. 그것은 또한 우리 안에 있는 "자아"를 약간 속이고 너무 많이 확신하는 것이다.
The Church of Christ, Vol VI No. 3, 1969, p. 24.

1. '내 영적 순례'

(1911년에 처음 쓴 글이다. 모난 괄호로 돼 있는 부분은 1974년에 편집한 것으로 자서전에서 가져온 것이다. 이중 괄호로 되어 있는 글의 출처는 더 다듬어진 자서전이다.)

나는 1887년 사바르(Sabhar) 근처 작은 마을의 천한 부모에게서 태어났다. 사바르는 다카(현재 방글라데시 수도. 당시는 인도 영토)에서 16마일 떨어진 상업 중심지다… 그곳의 사회 환경은 내 교육에 좋지 않았다. 그럼에도 불구하고 내 아버지는 내가 최소한 농촌 사람들 가운데 존경 받는 삶을 살 수 있도록 교육을 받게 했다. 그분의 마음과 목적은 귀했지만 그의 결정은 카스트 전통에 반하는 것이어서 시골 친구들을 놀라게 했다. [종교적이고 의롭고 삶의 신념이 분명했던 아버지 두키나트(Dukhinath)는 10 에이커의 경작지와 정원 그리고 평범한 가게를 소유한 중산층이었다.] 아버지의 뜻대로 나는 어린 시절 6년간 초등학교를 마쳤고 사바르 소재 정부의 보조금으로 운영되고 있던 영어 중학교에 입학했다. 졸업 후 나는 중등 공용어 시험에 합격해 고등학교 진학을 위한 정부 장학금을 받았다.

아버지는 기뻐하면서도 안타까워했다. 왜냐하면 내가 장학금을 받으려면 집에서 멀리 떨어진 H. E. 학교에서 공부해야 했기 때문이다. 그는 내 유학을 달가워하지 않았지만 나를 정말 사랑한 학교 선생님의 설득으로 성공적인 미래를 희망하며 나를 다카로 보냈다. 다카의 K. L. 주빌리(Jubilee H.) 학교로 입학했을 때 나는 아마도 13세였고 학생 식당에서 숙식을 했다.

소년 시절 나는 너무 부드러웠고 수줍어했지만 종교적으로는 전

라마야나 공연
Kecak Ramayana in Bali, Uluwatu Temple. **Photo** : Bro. Jeffrey Pioquinto, SJ (jeffpsj.blogspot.com)

환점을 맞고 있었다. 이 모든 성향이 섞여 나는 부모님과 친구들에게 바보처럼 비쳤다. 그러나 그들은 내 학업에 훼방을 놓지 않았고 희망을 꺾지도 않았다. 왜냐하면 제사장들과 이웃의 교육 받은 사람들이 나를 칭찬했고 아버지에게 내 미래가 밝다고 안심시켰기 때문이다. [그들이 내가 갖고 있는 특이한 영적 성향을 알아차려서 내 아버지가 약간 걱정했다.] 삶의 초반에 겪은 불만족스런 환경으로 인해 나는 높은 이상을 열망했다. 그것이 뭔지는 불명확했다.

나는 항상 좋은 영적 교제 즉 종교 집회와 종교 회의, 순례와 삶을 표현하는 약식 연극, 그리고 람과 크리슈나 같은 고대 인도의 위대한 왕과 종교 영웅을 사랑했다. [아주 어렸을 때도 나는 밤새 힌두교의 영웅들의 삶을 묘사하는 연극과 음악회를 관람하곤 했다.] 비쉬누(은혜와 사랑의 신)를 믿었던 내 아버지는 독실한 신자라는 평판을 받았고 그 지역 비쉬누파 신자들과 교제를 하곤 했다. [아버지의 인격은 내 삶에 감동을 남겼다. 나는 그의 신앙과 헌신을 흡수했다.]

아버지의 뜻대로 나는 힌두 경전 라마야나(Ramayana)와 마하바라타(Mahabharata)를 처음부터 끝까지 읽었다. 크리슈나(Krishna), 람(Ram), 그리고 짜이따니야(Chaitanya. 비쉬누파 지도자. 1486-1534), 그리고 북인도 비쉬누 신앙이 내 헌신과 예배의 대상이었다. 나는 사라스와띠(Saraswati. 학문의 여신)와 다른 신들은 주신이 아니라 하류 신으로 여겼다. 그들의 성격과 그들에 대한 해석에 불만족했기 때문이다. [나는 깔리(Kali) 여신을 싫어했다.] 비록 내가 크리슈나 신을 열정적으로 사랑하고 깊이 예배했지만 의심이 자주 일었다. 힌두의 의로움이 크리슈나 신의 형상을 예배하는 것에 달려 있는지 아닌지 확신할 수 없었기 때문이다. 그런 상황에서도 크리슈나 신은 나에게 상당히 이상적 존재여서 나는 한 동안 그에게 만족했다. [나는 명상하고, 묻고, 아버지나 친구들이 답할 수 없는 철학적이고 종교적인 질문들을 하곤 했다. 내가 진리의 정확함, 손금보기의 타당성, 예언, 운명, 그리고 카스트 제도에 대해 질문했을 때 점쟁이(브라민)와 우리 가족의 영적 스승(브라민) 둘 다 화를 냈다. 나는 자유롭게 많은 것을 알고 싶었지만 그들은 한 동안 내 생각을 억눌렀다.]

나는 가끔 기독교 설교자들이 있다는 말을 들었지만 그들이 뭐하는 사람인지는 몰랐다. 그들을 알게 돼 몇 권의 책을 빌렸는데 아마도 시편과 요셉과 그의 형제들 이야기였던 것 같다. 그 책들은 인상적이었다. 그러나 시골에 살고 있었던 내가 당시 예수님에 대해 듣거나 읽었는지는 확실하게 기억이 나지 않는다.

… 다카에 살 때 한 젊은 사람을 만났다. 그는 침례교 선교사들과 힌두 브라흐모교(Brahmoism. 일신론 추구. 힌두교의 개혁 운동이자 힌두교의 르네상스 운동)의 제사장들을 알고 지냈다… 그는 자신이 가는 곳마다 나도 데려갔다… 그를 통해 나는 모리스 목사(Rev. J. D. Morris)를 알게 됐다… 그는 나를 사랑했고 나에게 특별한 관심을 기울였다. 나는 삶이 경건하고 성품이 고귀한 그를 존경해서 정기적으로 방문했다. [… 힌두들의 한 가운데 집을 얻어 검소하게 기도, 희생, 자선의 삶을 살고 있었던 그를 힌두들은 성자 모리스라고 불렀다. 나는 일요일에 그와 함께 복음서를 읽고 기도를 했다. 그 기회를 통해 그리스도의 성품의 더 영적이고 깊은 면과 신약성경의 중요성을 이해했다. 나중에 그를 영적 아버지라고 불

렀다. 영국인과 인도인의 피가 섞인 그는 멋진 선교관에서 살았던 다른 선교사들보다 교육 수준이 낮은 사람이었다. 그는 미혼이었고, 하나님의 사람이었고, 진리를 깨달은 사람이었다. 그의 깨달음이 힌두 신앙을 갖고 있었던 나에게 감동을 줬다.] 그는 내 친구와 나를 위해 성경공부 수업을 만들었다. 우리는 놀라운 생명의 말씀에 들어 있는 예수님의 삶과 죽음의 단순한 이야기를 읽곤 했다. 그 말씀들을 위로와 생명을 주는 사실이라고 믿자 내 마음의 뿌리가 흔들리기 시작했다… [나는 마가복음과 사도행전 시험에서 2등을 해 돈과 책을 상으로 받았다… 성경공부를 통해 나는 예수 그리스도를 더 깊이 알고자 하는 열망에 휩싸였다.]

그러나 나는 또한 정기적으로 브라흐모교의 일요 예배에 참석하곤 해서 강의를 듣고 제사장들과 종교적 대화를 나누곤 했다. 무엇보다도 늙고 성자 같은 브라흐모교 ND교회(New Dispensation Church)의 사역자인 방가 짠드라 라이(Bhai Chandra Ray) 형제님에게서 깊은 인상을 받았다. 나는 그의 설교와 기도를 매우 좋아했고 열중했다. 그는 브라흐모교도였지만 석가모니나 모하메드보다도 예수님을 더 언급했다. 나는 다른 경전보다도 신약성경의 말씀을 더 자주 인용한 그에게 놀랐다… 브라흐교의 일요 예배에 참석했던 초창기 경험 중 하나를 기억한다. 나는 정말 감동적인 찬송가를 듣고 눈물을 흘렸다. 오르간 연주자 라자니 깐또 까르(Rajani Kanto Kar)가 연주하는 영혼을 휘젓는 찬송가가 달콤하고 아름답게 울려 퍼지고 있던 브라흐모교의 일요 저녁 예배 때 나는 개종했다. 그 음악에 깊이 감동했고 하나님의 실재와 존재를 느꼈다. |예배에서 영적이고 지적인 진공상태를 체험한 후 나는 유일한 최고의 신의 실재를 확신했다.| 고개를 숙였을 때 눈물이 흘렀다.] 그들

아르에 사마즈 신자들
Arya Samaj, 1916

의 예배, 찬송, 그리고 설교가 나에게 강한 감동을 줬다.

브라흐모교 경전 연구, 지속적인 예배와 모임 참석, 그리고 브라흐모교의 실체에 관한 개인적 질문을 통해 점차적으로 내 힌두 신앙이 완전히 무너졌다. 나는 우상숭배를 혐오하기 시작했다. 크리슈나 신을 신화의 안개 속에 쌓인 불명예스런 인격체로 여겼다. [브라흐모교 경전 연구는 내 대중적이고 보수적인 힌두 신앙을 혼란스럽게 했고 당황케 했고 심하게 흔들었다. 대중적이고 보수적인 힌두 신앙은 다신교, 우상숭배, 카스트 제도, 순례, 제사장 중심주의, 샤스트라스(힌두 경전), 그리고 구루(스승)의 절대성 등에 기반을 두고 있었다. 처음으로 나는 힌두교를 유일하고 조화롭고 평화로운 종교가 아니라 모순된 신조, 각 사람에게 다른 충성을 요구하는 문화, 그리고 인격을 파괴하는 종교라고 인식했다. 나는 또한 힌두 사회의 미신, 불법, 악한 관습에 강한 분노로 반응했다. 그리고 곧 개혁 정신이 내 안에 자라났다.] 같은 사상을 갖고 있던 친구들과 어울리며 나는 여성에 대한 보수적인 사고를 포기하고 모든 여성과 소녀들을 존중하고 삶의 모든 영역에서 건강한 자유와 성 평등 의식을 확립할 수 있었다.

그런데 브라흐모교는 내가 확실히 붙잡을 수 있는 어떤 실체를 주지 않았다. 그것은 나에게 영적 존재, 사랑하는 존재, 아름답고 숭고한 존재에 대해 모호한 생각을 심어줬다. 나는 다음과 같이 배웠다. '모든 인간은 개인적으로 영원한 신을 위해 삶에 책임을 져야 한다. 인간은 신으로부터만 모든 삶의 영감과 안내를 받아야 한다. 석가모니, 짜이따니아(Chaitanya. 비쉬누파 지도자. 1486-1534), 예수, 모하메드, 그리고 다른 성자들은 보통 인간들보다 신적인 것에 관해 위대한 지식을 갖고 있었다. 인간의 이성과 직관과 일치한 가르침과 실천의 본을 보인 그들은 우리의 이상이자 안내자다.' 나는 영원한 신의 존재를 인식하고 영과 진리로 기도하고 예배드리려고 애썼다. 유일신과 형제애를 믿는데 어느 정도 도움을 준 브라흐모교에 나는 어느 정도 만족해서 한 동안 그 종교의 신자들과 붙어 다녔다. 브라흐모교에 있는 동안 나는 쁘라땁 짠드라 마줌다르(Pratap Chandra Majumdar)가 쓴『동양의 그리스도』(the Oriental Christ)를 읽었다. 놀라운 책이었다. 저자는 께샵 짠더르 센(Keshub Chandra Sen)의 12개의 주요 공동체에 속한 제자였다. 께샵 짠더르 센은 브라흐모교의 위대한 제 3대 지도자였다.『동양의 그리스도』에 감동 받은 나는 그리스도의 존재에 질문하기 시작했다.]

그러나 곧 나는 브라흐모교가 내 안에 심어 놓은 불안을 제거하기 위해 다른 단체에 의지하기 시작했다. 내 친구가 이미 라마크리슈나 선교회(Rama Krishna)와 아르에 사마즈(Arya Samaj) 사람들을 알고 있던 터라 자연스럽게 그 단체에 대해 들었다. 들떠 있는 마음을 진정시키기 위해 나는 독서와 면담으로 다른 종교를 탐구하기 시작했다. 아주 매력적이지만 불합리한 신 힌두교(neo Hinduism. 아르에 사마즈를 가리킴)의 경전도 읽었다. 브라흐모교의 경전과 같은 내용인 스와미 마하리쉬 다야난드 사라스와띠(Swami Dayanand Saraswati. 아르에 사마즈 설립자)의 사티야르트 쁘라까쉬(Satyarth Prakash. 1875년 완성된 아르에 사마즈의 경전. 힌두교 개혁에 관한 내용)가 대중 힌두교를 믿고 있었던 나를 아주 성공적으로 흔들었다. 나중에 경험을 통해 신 힌두교(아르에 사마즈)가 다른 종교와 섞인 악이라는 것을 알게 됐다. 힌두교를 새롭게 해

아르에 사마즈 신전
Central Vaidik Mandir, Georgetown, Guyana

1960년대 다카 풍경
Dhaka most probably in the 1960s.

석하는 그들의 방법이 확실하고 타당한 것 같지는 않았다. 특히 그들의 사상을 브라흐모교의 사상으로 판단했을 때 그런 생각을 갖게 됐다. 그러나 그런 단체들과의 접촉이 나중에 기독교의 더 깊은 면을 이해하는데 결국 유용하게 작용했다.

[만족스럽게 세속 교육을 받는 동시에 힌두교, 이슬람교, 그리고 기독교의 진리를 탐구 하는 동안 나는 선동과 투쟁으로 정치적 자유를 성취하기 위해 설립된 인도 국민회의당의 첫 자원봉사단에 가입했다. 15명의 청년으로 구성된 그 조직은 인도인들이 독립 투쟁의 한 방법으로 영국산 물건 불매운동을 벌인, 그리고 영국이 뱅갈 지역을 동과 서로 분리하려는 핑계를 댄 1905년 설립됐다. 생명을 희생해서라도 모국을 위해 봉사하고자 우리는 쉬바 신전에서 맹세했다. 자원봉사를 하며 나는 증오로 많은 폭력을 행사했지만 잘못으로 여기지 않았다. 그러나 한 편으로 자원봉사 기간 동안 나는 스스로에게 무언의 질문을 했다.]
[一]

… 내가 힌두 신들에게 절을 하고 카스트 제도를 지키는 등 힌두교의 규칙과 법을 따랐지만 모든 사람들은 곧 내가 더 이상 힌두교를 제대로 믿지 않고 있다는 것을 알게 됐다. 내가 마음에 없이 힌두교 관습을 지키고 있던 이유는 사회 혼란을 피하기 위함이었다. 아주 오래 전부터 카스트 규칙을 몰래 깨고 있었던 나는 더 이상 카스트 제도를 믿지 않았다. 내 친척들과 친구들은 내가 힌두교의 관습을 깨지 않도록 방법을 궁리했다. 나는 자주 나에게 반대하는 사람들과 다양한 문제에 직면했지만 비밀스럽게 그리고 조심스럽게 잘 헤쳐 나갔다. 내 기독교와 브라흐모교 친구들이 나를 격려해줬

고 적절한 조언을 제공했다. 아버지는 몇 번 나를 결혼시키려고 했지만 내가 단호하게 반대해 성공하지 못했다. 영과 마음의 안절부절에도 불구하고 나는 학업에 우수한 성적을 거둬 정부 장학금, 학교 장학금을 받았을 뿐 아니라 학업 능력과 모범적인 행동으로 인해 친하게 지냈던 동창생들한테서 후원금도 받았다. 그래서 나는 경제적으로 아버지로부터 거의 독립했다. 재정 자립으로 인해 나는 심각한 문제없이 잘 지낼 수 있었다.

다카 생활 초창기에 나는 거의 동시에 브라흐모교와 기독교에 심취했다. 기독교보다 브라흐모교에 마음이 더 쏠렸지만 당시 내가 기독교를 몰랐다면 아마도 오늘날 내가 하나님을 믿고 있지 않았을 것이다. 이에 대해 하나님께 감사드린다. 다카에서 내가 브라흐모교에 치우친 데는 충분한 이유가 있었다.

첫째, 브라흐모교가 모든 면에서 인도 문화에 적절했기 때문이다.

둘째, 브라흐모교가 내 모국어로 된 가장 뛰어난 경전과 높은 수준의 음악을 갖고 있었기 때문이다. 나는 경전이 종교와 영에 매력을 느끼게 하고 전통적인 견해를 바꾸게 하는데 가장 효과적인 도구라고 믿는다.

셋째, 브라흐모교가 세상의 종교 간 화해를 제공했기 때문이다. 나는 오래 전에 브라흐모교가 추구한 절충주의의 궤변을 발견했지만 그들이 추구하는 평화에 더 끌렸다.

마지막으로, 브라흐모교 공동체가 교육, 도덕, 그리고 종교 면에

64

서 매우 발달해 있었고 힌두교와 기독교 사이에 위치했기 때문이다.

당시 나는 좋은 기독교 경전을 거의 접하지 못한 상태여서 기독교 예배에도 거의 가지 않았다. 뱅갈어 기독교 예배에 한두 번 갔지만 거의 만족하지 못했다. |신자들이 제외된 채 선교사들이 예배의 모든 것을 인도했다. 예배는 건조했고 형식적이었다. 그곳에 모인 소수의 신자들이 헌신돼 있다는 느낌을 받을 수 없었다. 설교 시간에 설교가 몹시 길었고 찬양 시간에 찬양이 몹시 길었다. 브라흐모교 예배에서는 신자들의 자발성을 봤지만 기독교에서는 볼 수 없었다.| 모든 것 심지어 분위기조차도 낯설었다. |내 영적 배고픔과 목마름을 해결할 수 있는 것이 아무 것도 없었다.|. 그러나 나는 모리스 목사와의 관계는 절대 끊지 않았고 성경 공부에서 많은 것을 배웠다. 우리는 하나님의 말씀을 읽은 후 함께 기도를 하곤 했다. 이것들이 내 영혼에 비밀스런 영향을 끼치고 있었다.

|브라흐모교는 위로를 해주지 않으면서도 정신적 노력을 많이 요구했다. 그러나 지적으로 더 비판적이고 또한 건설적인 면을 갖고 있는 브라흐모교가 내 영혼의 깊은 곳을 휘저었다. 한 편으로 성경에서 부드러우면서도 강한 예수님을 볼 때마다 나는 예수님을 확실하고 안정되고 지속적인 위로자, 안내자, 그리고 영감을 주는 존재라고 믿었다.| 단순한 복음서 뒤에 실제로 살아 있는 어떤 존재가 있다는 것을 알아챘다. 점차 그리스도의 인격과 성품이 내 상상을 채우기 시작했다. 나는 복음서의 말씀이 죽은 글자가 아니라 영감과 힘으로 가득 차 있고 특히 마음을 달래고 생명을 준다는 것을 발견했다. |위로와 생명이야 말로 지치고 잠 못 이루고 있던 내 영혼에 가장 필요한 것이었다.| 성장할수록 고상한 것을 추구했고 진

지했던 나는 가장 영광스럽고 눈부신 사상을 만나고 있었다. 예수님의 능력과 승리를 경험하고 있었다. 복음이 나에게 희망과 기쁨과 이상을 줬다. ⎰기독교 복음은 내가 따를 만한 모범을 제공했다. 그러나 거기서 멈췄더라면 나는 개인적으로 예수님을 믿지 않았을 것이다.⎰

살아 있는 하나님의 말씀이 내 삶에 심각한 사실을 경고했다. 예수님의 삶과 죽음 ⎰그리고 시편, 예언서, 그리고 율법서의 가르침⎰이 나에게 하나님은 사랑스럽고, 아름답고, 능력 있고 ⎰쉽게 기뻐하고 브라흐모교가 가르치듯이 우리의 눈물을 쉽게 용서할⎰ 뿐 아니라 특히 거룩하고 의롭다는 사실을 설득했다. 복음서에 나타난 하나님의 성품을 통해 나는 내 성품을 보게 됐다. 즉 하나님은 내가 비참하고 사랑과 관심을 받을 가치가 없고 ⎰하나님의 용서를 언급할 수도 없는⎰ 죄인이라는 것을 분명하게 말씀하셨다. 그러자 내 모든 삶이 우울해졌다. 고통을 없앨 방법을 알지 못해 정말 불행했다. 나는 아직 그리스도의 죽음의 의미를 이해하지 못해 고통스러웠다. 그래서 브라흐모교에 도움을 청했다. 후회와 회개를 통해 내가 더러움을 씻고 신의 용서를 받을 수 있으리라고 생각했다.

⎰성경 공부 그리고 눈부신 순결함과 진리이신 예수님의 도덕적인 성품과 윤리적인 인격을 묵상하자 하나님의 계시를 알 수 있었다. 하나님의 계시를 통해 죄를 깊고 날카롭고 내적으로 인식했다. 당시 모든 사람들이 나를 선하게 봤고 나도 그렇게 생각했다. 나는 사실 성경의 명령들을 지켰고 내적인 죄과 외적인 죄를 그렇게 많이 짓지 않았다. 그러나 나는 영적-증오, 폭력, 편견, 자부심, 협소함, 의에 관한 자만심 등-으로 죄를 짓고 있었다. 결국 나 자신을 불행

하고 무가치한 존재라고 느꼈다.〕

〔생명을 갈망해 예수님을 찾아온 젊은 청년과 사도 바울처럼 나도
율법을 완전히 지켰다고 말할 수 있다. 내 말이 지나치다면 하나님
께서 용서해 주시길 바란다. 예수님을 찾기까지 어떤 일이 있었던
가? 정치 참여 즉 자원봉사단원으로서 불매 운동을 벌인 결과 내 의
식이 마비됐고 도덕적 삶을 약화됐다. 좋은 목적을 갖고 정치에 참
여했지만 결국 증오와 폭력이 선과 겸손을 추구했던 나를 더럽혔
다… 나는 또한 내 모국에 엄청난 헌신을 했고 부당한 수단으로서라
도 모국을 속박에서 해방시키려고 노력했다… 정치에 몸담은 나는
지나친 애국심 때문에 영국인들과 모든 서양인들 그리고 기독교 식
민주의자와 제국주의자에 맞서 날카로운 증오심을 표출했다. 내 증
오심은 거칠었고 타는 불같았다… 순결하고 밝은 빛 되신 예수님의
도덕적 성품을 인식한 후 나는 영혼과 마음과 사고에 음미할 만한
진리의 빛줄기를 발견했고 잘못된 태도를 깨달았다. 특히 내가 평균
이상으로 선한 청년이었다는 자기만족과 자기 의로움을 볼 수 있었
다… 도덕적으로 숭고하고 완전히 겸손하시고 사랑을 베풀어 주시
는 예수님을 직접 만났을 때 나는 깨졌고 겸손해졌다.〕

그래서 나는 브라흐모교를 믿기로 결심했다. 그 종교를 정확히 알
아서가 아니라 내 도덕적 삶에 일어나고 있던 폭풍을 가라앉힐 수
있을 것이라고 생각했기 때문이다. 당시 약 1년이 내 인생에서 가
장 불행한 시기였다. 나는 열심히 믿어보려고 시도했지만 브라흐
모 신자처럼 될 수 없었다. 나는 항상 내 영혼 안에 작용하는 초자
연적 힘을 느꼈는데 곧 그 힘이 내 안에서 삶을 통제하시는 영원한
나사렛 예수였다는 것을 명확하게 인식했다.

폭풍의 시기를 겪으며 나는 스스로에게 정직하고 성실해야 한다고 느꼈다. 내가 아는 한도 안에서 빛과 진리를 따르는 것에 최선을 다해야 한다고 믿었다. 종교적 진리를 깨닫고 나서 스스로에게 질문하며 빛과 진리를 구하기 위해 기도하고 명상하곤 했다. 그렇지만 브라흐모교의 이성적 원리 때문에 나는 그리스도 또는 어떤 위대한 존재를 내 유일한 영적 안내자와 이상으로서 받아들일 수 없었다. 그러나 나는 결국 하나님의 아들의 힘에 저항할 수 없었다. 절망과 슬픔 가운데 있었을 때 자주 의도치 않게 그 단순한 이름 '예수님'을 불렀다. 진지하고 열심히 기도한 후에 '예수님의 이름으로' 불완전하게 내 마음을 표현했다.

모리스 목사가 자주 예수님과 그의 사랑, 그리고 나의 죄에 관해 말했지만 그는 절대 나에게 기독교인이 되라고 설득하지 않았다. 내가 정의와 불의를 인식했을 때 그는 자주 정의를 따르고 불의를 피하라고 편지로 조언했다. 나는 자주 나도 모르게 예수님을 향한 내 믿음과 사랑에 관해 그에게 편지를 썼다. 곧 나는 예수님을 내 구원자, 내 친구, 내 안내자이자 이상으로 믿었다. 나는 믿지 않을 수 없어서 믿었다. 이런 확신과 경험을 했을 때 나는 당시 인도에서 순회 강의를 하던 가운데 다카를 방문했던 런던 선교회(London Mission) 세계 사무총장 프랑크 렌우드(Frank Lenwood) 박사에게서 조언을 받았다. 그의 강의 주제는 인간의 죄와 하나님의 구속이었다. [고민 많았던 나는 렌우드 박사의 전도 집회 때 십자가에 못 박힌 예수님의 다리 아래서 주 예수님께 나 자신을 드렸다. 당시 집회가 선교회 강당에서 열리고 있었다. 렌우드 박사는 닷새 간 순결함에 관해 강의했다. 즉 몸의 순결, 마음의 성실과 정직, 성령님의 빛과 순종, 그리고 그 반대되는 것들 즉 육체의 죄와 병, 정신적

위선과 실수, 영혼의 어둠과 불순종을 말한다. 그는 몸, 생각, 그리고 영혼을 둘러싸고 있는 죄를 철저히 분석했다. 생명의 거룩함과 주 예수님의 은혜를 통해 거룩함에 도달하는 방법을 강조한 그의 강의에서 나는 최고의 감동을 받았고 완전히 죄를 깨달았다. 처음으로 단순한 영어를 사용해 죄 용서를 구하며 나는 고꾸라졌다. 즉시 무거운 짐이 내 어깨에서 떨어졌고 나는 정말 편안함, 용서 받은 마음, 행복과 평화를 느꼈다. 나는 구원 받았고 죄로부터 해방됐다. 내 마음과 몸이 빛, 생명, 그리고 경쾌함으로 가득 찼다.]

나는 브라흐모교와 기독교 사이에서 충돌을 느꼈다. 브라흐모교는 비판적 관점을 가지라고 가르쳤다. 그래서 나는 그리스도를 아주 쉽게 받아들이지 말아야 한다고 느꼈다. 예수님을 믿는 신앙은 매력의 산물도, 정말 진리를 향한 지적인 반응도 아니고 단순한 감정의 산물일 것이라고 여겼다. '예수님에게 질문하고 예수님을 시험해야 한다. 만약 예수님이 내 시험을 통과한다면 나는 예수님을 받아들일 것이다.' 지적인 의심, 충동, 그리고 투쟁의 기간이었다. 기독교 안의 초자연적 요소가 오랫동안 나에게 아주 큰 걸림돌이었다. 나는 특히 성경을 비롯한 모든 참 종교는 초자연주의와 분리될 수 없다는 것을 알았다. 특별히 계시를 받는 것은 어려운 문제였지만 나는 곧 완전하고 정확하고 생명을 낳는 종교를 위해 계시가 절대적으로 필요하다고 확신했다.

한 편으로 나는 결국 진리가 승리해야 한다고 아주 절대적으로 믿었다. 그래서 기독교와 브라흐모교 같은 종교에 대항해 이성적 비판주의를 적용했다. 그러나 이 비판주의의 압력 아래서 내 브라흐모교 신앙이 산산조각 났다. 나는 브라흐모교는 추상적 개념이고,

가르침 뒤에 거의 실체를 갖고 있지 않는 철학적 사색이고, 그 원리들 가운데 어떤 조직적 통일성도 없다는 것을 발견했다. 나는 브라흐모교가 추구한 절충주의의 불합리함을 봤다. 나는 브라흐모교가 살아 있는 예수 그리스도의 인격으로부터 분리된 이상한 기독교라는 것을 알아채고 크게 놀랐다. 브라흐모교는 신은 사랑의 존재지만 거룩하고 의롭고 |정의롭고| |죄를 싫어한다고| 했다. 그리고 그 종교는 하나님의 아버지 됨과 인간의 형제애를 크게 다뤘다. 그러나 나는 브라흐모교의 모든 것은 예수님의 아들 됨 없이 무의미하다는 것을 깨달았다.

브라흐모교는 혼란 속의 내 영혼을 깊이 휘저었지만 어떤 위로와 평화도 주지 않았다. 그 종교는 나에게 회개하고 신에게 돌아가라고 했지만 나는 진정으로 회개할 수 없었다. 자주 눈물을 흘렸지만 평화도, 하나님의 사랑과 용서에 대한 확신도 가질 수 없었다. 그 종교로 인해 나는 더 안절부절 했고 메말라갔다. |나는 내 소망이 되시며 나와 동행하시고 지지해 주시고 심지어 나를 붙들고 계신 그리스도 안에서 하나님의 존재를 의식하려고 하지 않고 헛되이 브라흐모교 신의 그늘진 영을 찾았다. 아주 겸손했고 비쉬누파의 고양이 학파(the cat school of philosophy in Vaisnavism. 아기 고양이들의 생명은 엄마 고양이에 달려있다고 가르침. 즉 신이 인간에게 주체적이고 자유로운 은혜를 주신다고 믿음)가 가르치는 불분명한 진리를 따르고 있던 나에게 브라흐모교는 희미한 깨달음처럼 보였다.| 브라흐모교가 이론상으로는 진리였지만 내 의식은 브라흐모교의 신을 잡을 수 없었고 마음에 신을 떠올리지 않는 한 예배드릴 수 없었다. 마음에 신을 상상해서 예배드려도 만족할 수 없었다. 나는 즉시 내 의식과 지성을 만족시킬 수 있는 실체를 원했

다. 브라흐모교는 내 영혼과 마음을 검게 한 더러움과 불순물에 관해 어떤 것도 거의 말해주지 않고 하나님을 향한 내 비전을 희미하게 하고 내 안에 계시는 하나님의 형상을 모독했다. 브라흐모교는 잘못된 회개(a false repentance)를 제외하고 나에게 정확한 구원의 방법을 거의 가르쳐 주지 않았다. 그 종교는 인간이 하나님에게 가야한다고만 말했지 하나님과 인간 사이의 장벽을 제거해야 한다고 말하지 않았다. 그 종교에 따르면 이성과 직관이 영원한 진리를 결정하고, 계시는 불가능하고 터무니없는 것이다. 내가 영적으로 성숙해지고 분별력을 갖췄을 때 내 본성이 그 종교에 제대로 반란을 일으켰다.

[나는 힌두교의 최고 형식인 브라흐모교-모든 종교와 영적 형상을 존중하는 우빠니샤드에 기초한 베다 종교의 극치-를 실제적인 삶의 철학으로 받아들였다. 그러나 그 종교의 이성과 이론은 삶의 깊은 문제에 답하지 못했다. 예를 들면, 어떻게 악과 죄가 세상에서 함께 만나는가? 어떻게 인간이 신에 대한 모호한 추상 개념과 주관적인 생각으로 객관적이면서 개인적인 신의 실체를 확신하고 영원히 만족할 수 있는가? 특히 신은 무엇과 닮았나? 신은 도덕적이자 윤리적인 존재인가 아니면 단순히 추상적 존재인가? 사실 내 의식은 객관적인 실체와 연합하고 교제하고 위해 갈망하고 있었다. 브라흐모교는 이런 필요를 충족시키지 못했다. 그리고 베다에 있는 잠재적이고 명확한 희생적 원리를 부인했다. 또한 신(brahma vakya. 영원한 신의 말씀)은 실수하지 않는다는 것과 완전한 경전(shruti. 신이 계시한 힌두교의 일부 경전)과 성육신을 받아들이지 않았다. 그렇다면 죄 있고 어둠을 헤매는 인간이 어떻게 자신의 삶을 안내할 것인가? 피 흘림과 죄 용서(베다와 성경) 없이 어떻게 빈

혈에 걸린 브라흐모교가 죄를 효과적으로 다룰 수 있다는 것인가? 신의 특별하고 완전한 계시 없이 어떻게 인간이 신의 불변성과 유일성을 확신할 수 있는가? 베다와 성경 없이 어떻게 인간의 형제애가 완전하고 영원히 존재할 수 있는가?]

나는 기독교가 인간 영혼의 가장 깊은 필요뿐 아니라 지성까지도 만족시키는 이성적인 신앙이라고 생각했다. 그리스도를 시험한 나는 그가 참되고 강하다는 것을 발견했다. 예수님 안에서 나는 가장 높은 도덕적 이상, 그리고 우리의 사랑이자 정말 하늘의 아버지인 거룩한 존재를 완전히 확신했다. 그리스도가 갈보리 십자가 위에서 죽은 목적과 필요성을 명확하게 인식했다. ｜하나님은 인간이 지은 죄를 위해 자신의 독자를 벌하심으로 율법과 정의를 성취했다. 죄를 없앨 목적으로 하나님은 인간이 단 한 번에 대가없이 구원과 용서를 받고 하나님의 사랑과 자비에 만족하도록 했다.｜ 하나님을 향한 믿음과 신뢰를 통해 하나님과 내 자신을 연결시키고 하나님의 뜻에 맞게 내 자신을 드렸을 때 나는 하나님의 영으로 감전됐고, 내 죄의 감각이 제거됐고, 어둠의 세력이 하나님의 어린양의 거룩한 피로 제거됐다. 천국이 존재하는 것처럼 열렸고 내 마음에 새 삶의 비전이 떠올랐다. ｜성령님의 역사를 통해 나는 하나님 안에 다시 태어났다.｜

나는 세례(침례)를 통해 공적으로 그리스도를 내 구원자이자 주인으로 받아들이기로 결정했다. 내 개종과 결심을 아버지에게 말씀드렸을 때 그는 심하게 울었지만 겉으로는 반대하지 않았다. 내 친구들과 아는 사람들이 놀랐고 그들 모두 내가 기독교인이 되는 것을 막으려고 힘을 합쳤다. 그들은 엄청난 유혹으로 나를 설득했다. 내가 일부 문제를 양보했지만 그리스도는 내가 길을 잃지 않도록 했다. 내가 유혹에 빠지고 있다는 것을 느끼자마자 그리스도는 나를 일으켜 세웠다. 나는 유혹에 빠질 때조차 그리스도를 바라봤다. 결국 부모님과 친구들의 눈물과 슬픔을 극복하고 내 구원자에게 가장 가까이 갔고 1908년(21세) 다카 침례교 선교회 대표인 노블 목사(Rev. P. Noble)로부터 세례(침례)를 받았다…

[그 후 나는 꼴까따에서 직장 제공의 유혹을 받았다. 공무원, 교회 사역자, 정치 지도자 등 모두 돈과 명예를 얻을 수 있는 자리였다. 그러나 나는 그 모든 것을 신중하게 거절했고 세례 때 내가 사랑하는 주님이자 구원자이신 구루(스승) 예수님에게서 받은 소명에 충실하기로 했다. '내 말을 네 민족에게 전하라' 그래서 나는 자원하는 마음으로 전에 상상할 수 없었던 단순한 전도자의 삶을 선택했다…]

(The Church of Christ, Vol 4 no. 1 & 2 ,1967. 위 [ ]의 글은 다스가 1911년에 썼고, 1949년 3월 NCC Review가 출판했고, 1963년 3월 CISRS 힌두 개종자 대회(Conference of Hindu Converts)에서 다스가 발표됐다. 그 후 다스는 '내가 예수님을 발견하고 그분을 구원자, 하나님, 그리고 생명의 주로 받아들인 이유'(How I found Jesus and why accepted Him as my Saviour, God, and Lord of Life)라는 부제를 부쳐 개정한 후 1974년 소책자로 인쇄했다.)

2. 다스의 세례(침례)를 둘러싼 사건

내 침례 때 문제를 겪으며 힌두교와 기독교 사회의 태도와 위치에 통찰력을 가질 수 있었다. 내 침례 계획이 확실해지자 그 소식이 나에게 관심을 가진 사람들에게 퍼졌다. 나는 어떤 반대나, 놀라움이나 충격이나 후회를 겪지 않았다. 내가 알고 있는 사람들은 이성적인 사람들이었다. 그들은 오히려 내 확신의 용기에 만족을 표시했다. 사다란 브라흐모 사마즈(Sadharan Brahmo Samaj. 브라흐모교를 뜻함)의 대표 구루다스 짜끄라베르띠(Gurudas Chakraverty)는 이렇게 말했다. '라젠, 만약 네가 앞서 가는 빛을 봤다면 신이 복을 주시길.' 또 다른 자비심 많은 지도자인 박따 아므리뜰랄 굽따(Bhakta Amritlal Gupta)는 웃으면서 이렇게 말했다. '오! 기독교인들이 그를 우리한테서 빼앗아갔군!' …

침례식 날 이른 아침 다카의 국립 학교 동창생인 쁘라샨따 꾸마르 레이(Prashanta Kumar Ray)가 나를 한 모임으로 불렀다. 그곳에는 그의 삼촌, 내가 사랑한 NDC의 지도자 께샵 짠드라 센(Keshub Chandra Sen), 바이 방가 짠드라 로이(Bhai Banga Chandra Roy), 동 뱅갈 타임즈(East Bengal Times) 편집자와 께샵 짠드라 센의 한 모임에서 브라흐모 사마즈로 가입한 40명의 중요한 개종자 가운데 하나인 귀족 가족이 있었다. 내 친구는 1층에서 내가 오고 있다고 위층을 향해 외쳤다. 즉시 80대의 성자가 손에 지팡이를 들고 나를 환영하기 위해 아래로 내려오기 시작했다. 사실 그는 내려오지 않고 위험한 나무 계단에 멈췄다. 내가 강하지만 사랑이 담긴 말로 위험하니 위층에서 기다리라고 그를 설득했다. 나를 보자마자 어린애 같이 기쁘게 아래로 내려오는 그의 열정에 유쾌한 충격을 받았다. 내가 존경의 표시로 천천히 그리고 조심스럽게 그의 다리를 향해 고개를 숙이며 손을 댔을 때 그는 사랑이

브라흐모교의 위대한 제 3대 지도자, 께샵 짠더르 센
Keshab Chandra Sen, 1838-1884

담긴 손을 뻗어 내 손을 잡고 세게 흔들었다. 그리고 '오늘부터 너는 내 형제다.' 라고 말하며 열정적으로 나를 포옹했다. 나는 그의 아들이나 조카뻘이었지만 그의 말의 의미(예수 그리스도 안에서 형제)를 이해했다.

　…내 침례가 일요일 오전 10시에 예정돼 있었다… 그 전날 저녁 기숙사에서 그 교회로 갔다… 사람들이 큰 구내의 출입문 근처에 모이기 시작했다… 출입문 앞에서 군중들이 큰 소리로 내 이름 '라젠드라, 라젠드라' 를 지친 듯 불렀다. 소리 나는 쪽을 보니 아버지가 나를 부르고 있었다. 흥분한 것 같은 군중들을 경찰이 통제했다… 아버지가 졸도하고 계단에서 쓰러졌다. 대기실에서 그는 나를 거의 거의 쳐다보지 않았다. 우리 모두 놀랐다… 나는 그를 간호했고 그가 한 시간 정도 흘렀을 때 정신을 차렸다. 그는 나를 잠시 보더니 고통스런 목소리로 '라젠드라, 집에 가자' 라고 말했다. 내가 아버지에게 '함께 가요' 라고 말했을 때 선교사들이 충격 받았다. 그들은 나를 다른 방에 불러 놓고 몇 분간 내가 큰 유혹의 한 가운데 있다고 말했다. 선교사들의 생각과 달리 나는 내가 악이나 위험에 빠졌다고 느끼지 못했다. 아버지가 다카에 와서 상황을 이해한 후 다른 종교 즉 외국 종교 그리고 인도를 식민 통치하는 종교로 개종하려는 큰 아들을 단념시키려고 하는 것은 아주 자연스럽고 옳은 일이었다. 나는 아버지가 평안을 얻도록 위로하길 원했다. 그는 정말 육체적으로 기진맥진하고 정신적으로 걱정으로 가득 차 있었다. 내가 확고하게 아버지와 함께 기숙사로 간다고 하자 외국인 선교사들이 몇 분간 자기들끼리 의논했다. 그리고 나에게 내가 선교회 건물을 떠나기 전에 침례를 주겠다고 제안했다. 나는 깜짝 놀라 어떻게 그게 가능하냐고 물었다. 밤 10시 반에 교회 성도도, 몸을

담글 물도 없이 어떻게 침례식을 거행할 수 있나요? 그들은 몸을 물에 담그는 의식(침례) 대신 약식 세례를 주겠다고 했다… 놀라서 어리벙벙한 나는 이렇게 대답했다. "저에게 침례만 성경적인 방법이고 물을 머리에 뿌리거나 붓는 것은 잘못된 것이라고 가르치셨잖아요. 그리고 제가 공적으로 믿음을 고백해야 하고, 침례가 사람들 앞에 고백하는 최고이자 적절한 방법이라고 가르치시지 않았나요?"…

내가 엄격한 침례교도가 될 수 있도록 가르친 선임 선교사 피터 노블(Peter Noble)은 내가 사탄의 혹독한 시험을 받고 있어서 믿음을 버릴지도 모른다고 말했다. 나는 체험에 바탕을 둔 믿음을 절대 버리지 않을 것이므로 침례의식을 연기해도 좋겠다고 확실히 말했다. 그리고 그들의 이상하고 모순된 논쟁을 더 이상 기다리지 않고 아버지를 일으켜 함께 걸어 나갔다… 우리는 몇 분 만에 기숙사에 도착했고 따라온 노블 선교사도 방 안으로 들어왔다. 그는 우리 부자를 조용히 지켜봤다. 아버지가 식사를 하시고 약간의 대화를 나눴다. 잠자리에 들 시간이었다. 노블 선교사가 끼어들어 나에게 선교회 건물로 돌아가자고 했다. 나는 다음과 같이 제안했다. "현 상황에 아버지를 데리고 평화로운 의식이 치루기 힘들 것 같으니 침례를 연기하면 좋겠습니다. 저는 아버지와 함께 한 동안 있다가 아버지를 안심시키고 위로한 후 집으로 돌려보내겠습니다. 그런 다음 제가 교회에 가서 침례를 받겠습니다." 완전히 혼란에 빠진 노블 선교사는 '사탄이 너를 붙잡고 있다. 라젠드라'라고 악담을 퍼붓고 슬픈 얼굴로 돌아갔다.

나는 그날 밤과 일요일 종일 아버지와 함께 있었다. 그는 내가 절대 기독교인이 되지 않겠다고 약속하길 원했다. 그러나 나는 거절했다… 그는 월요일 아침 돌아갔다… 화요일 아침 오전 10시에 나는 작은 무리의 기독교 신자들, 내 기숙사 친구들 그리고 약간의 젊은 힌두 남자들과 교사들 앞에서 침례를 받았다. 침례 의식 후 내가 새 옷을 입고 교회에서 나오자마자 노블 선교사가 나를 미소로 맞더니 진심으로 악수를 청하고 사랑스럽게 안아줬다. 그리고 인사와 축복의 글과 함께 잘 번역된 뱅갈어 성경을 나에게 선물로 줬다.

그때 나는 주위 사람들이 나를 만나려고 기다리고 있었다는 것을 알았다. 그러나 나는 뱅갈리 기독교인들이 작은 무리로 군데군데 모여 조용히 서서 내가 마치 동물원에서 온 특별한 동물처럼 나를 곁눈질로 쳐다보며 선교회 구내의 울타리를 따라 쉬고 있는 것을 발견했다. 그들이 나를 배척하는 것 같았다. 내 힌두 친구들은 한쪽에서 내가 자기들과 함께 기숙사로 갈 것을 기대하며 기다리고 있었다. 선교사들을 제외하고 어떤 뱅갈리 기독교인도 내 근처에 오거나 인사를 나누지 않았다. 내가 차가움을 느끼고 실망했을 때 갑자기 키 크고 존경스럽게 보이는 남자가 다가와 인사를 나누고 악수를 청했다. 나는 따뜻함을 느꼈다. 그는 근처에 있는 자기 집으로 가서 점심 식사를 하자고 했다… 나는 따뜻하게 환영을 받고 맛있게 점심식사를 했다. 그는 무슬림이었다가 기독교로 개종한 사람이었다. 기쁜 마음으로 선교회 건물로 돌아와 낮잠을 잤다. 차를 마신 후 오후 네 시쯤 밖에 나가고 싶은 충동을 느꼈다. 그때 내 안에서 들려오는 말을 들었다. '너는 내 말을 네 민족에게 전할 것이다'…

내 침례 의식 근처에 있던 외국인 선교사들의 행동을 잊을 수 없다. 역시 사실이었나? 힌두들은 보통 기독교 선교사들이 자신들의 고용주(파송 단체)에게서 보상을 받기 위해 어떻게 해서라도 사람들을 개종시키려고 한다고 믿는다. 그것이 결국 사실인가?…

(From Autobiography, Chapter 3, p. 9-14).

3. 꼴까따(옛 지명: 캘커타): 1911-1918

[ㅡ]

나는 1911-1918년까지 꼴까따에 살았다. 훌륭한 윌리 홀랜드가 성 바울 대성당 선교 대학(St. Paul's Cathedral Mission College)의 총장으로 재직하고 있었을 때 그는 특히 같은 대학교와 세람포르에 기독교 학생 운동(the Student Christian Movement) 재단을 세우는 사역, 그리고 도시의 학생들과 대체적으로 교육을 많이 받은 사람들을 대상으로 하는 사역을 위해 자원 전도단을 조직하고 있었다. 홀랜드 총장과 다른 소수의 교수들이 우리를 축복했고 지지해줬다. 나는 사랑하는 친구 유엘(Yuel: Rev. Joel Lakra, MABD 란치의 루터교단 교회 회장)과 함께 가난하고 핍박 받고 병든 사람들에게 설교하고 그들을 돕기 위해 먼저 떠났다. 우리의 방법은 현저하게 개인적이고 조용했지만 칼리지 스퀘어(College Square), 콘월리스 스퀘어(Cornwallis Square), 그리고 베아돈 스퀘어(Beadon Square) 같은 곳에서는 노방전도를 할 때도 있었다. 사람들이 독립적 또는 선교 단체와 연결해 가끔씩 우리와 함께 사역했다. 그 중에 바네르지(J. R. Banerjee), 우르쿠하르트 박사(Dr. Urquhart), 나그 목사(Rev. B. A. Nag), 시르카르 목사(Rev. B. C. Sircar), 조쉬 선생님(Sri Gyan Ghosh) 등이 있었다. 그러나 지도자들은 젊은 인도인 평신도들이었다. 우리는 인도 전통 음악과 형식을 사용해 비스와스 목사(Rev. J. P. N. Biswas)의 집에서 가까운 지역에서 사역을 했다. 그러나 외국인 선교사들과 인도인 목사들은 우리가 인도 전통 음악과 형식을 사용해 전도하는 것을 엄청나게 비난했다.

(The Seeker, Vol. 8 No. 3, 1954; 또한 이 책 5, 6, 10번 참고할 것)

꼴까따 쁘린쎄쁘 가트 풍경, 1900년대
Prinsep Ghat, Kolkata, 1900s

4. 다스와 영국성공회 서품식

  윌리 홀랜드 총장은 기도하고 생각한 후 나를 성공회 목사 협회에 초대하기로 결정했다고 말했다. 그 말은 성직 즉 집사, 신부, 감독에 서품을 하겠다는 것을 의미했다. 그는 성공회 목사들이 인도에 복음주의 사상을 가진 인도인 감독을 세우는 것이 필요하다고 확신했다고 말했다. 그들은 백인들만을 성직자에게 세우는 제도에 더 이상 만족하지 못했다. 그들은 흑인들을 백인과 섞고 열등하다고 여겨지는 사람들(인도인)을 우월하다고 상상하는 사람들(영국인)과 섞기를 원했다. 그렇게 그들은 그리스도 안에서 참된 동등함과 협력을 증명했다. 정말 고차원적이고 건전한 생각이다! 그들의 태도가 나에게 상상력을 불어 넣었다.

  나는 중요한 문제이므로 숙고하고 기도할 시간을 달라고 요청했다. 윌리(Willie) 총장이 "물론 서두를 일은 전혀 아니지요. 시간을 가지고 명확히 생각해 보고 필요하다면 친구들에게도 조언을 구해 보세요."라고 말했다. 나는 그렇게 했다. 그리고 어느 날 그 주제에 대해 마음을 털어 놓기 위해 그를 만났다. "저는 오랫동안 성공회와 일부 성공회 신자들을 잘 알고 있어요. 또한 성공회 헌법도 공부했어요. 성공회가 놀라운 조직이자 좋은 교회고 다른 개신교 교파에서 부족한 모습을 극복하고, 탁월성, 강조점, 그리고 진리를 소유하고 있다고 생각합니다. 그러나 전반적으로 성공회가 저에게 적당하지 않기 때문에 제가 성공회에 적당하지 않다고 결론지었어요."

  나는 하나님으로부터 부름을 받았다. 즉 그 부름은 빈틈없는 율법과 규칙으로 인해 너무 좁고 엄격한 교단에서는 채워질 수 없는 자유(직업의 영역)와 더 넓은 이상(영적 부르심의 영역)을 말한다. 그러므로 불명확한 분위기에서 사역을 하면 나는 침몰할 것이고 인도에 완전히 외국적인 교회의 전통으로 인해 그리고 다른 문화 배경을 갖고 있는 교회 성도와의 교제로 인해 모든 면에서 좌절할 것이다. 나는 그리스도를 이해하고 성경을 귀하게 여길 수 있다. 나는 영국과 서양의 다른 교회보다 인도의 영적이고 도덕적인 문화와 영감 안에서 그리스도의 가르침과 그의 삶의 방식에 따라 더 자유롭고 단순한 기독교인이 될 수 있다… 힌두 개종자인 나는 성공회의 모든 단체에서 유일한 검은 피부의 신부가 될 것이다. 그런 환경에서 내가 성공회를 위해 뭘 할 수 있으며 성공회가 내 삶의 발전을 위해 뭘 할 수 있을까?…

(Autobiography, Section 5 p. 135-136)

5. 사역 지역과 발전

　주 예수님께서 죄인인 나를 구원하셨을 때 그리고 내가 1908년에 침례를 받았을 때… 나는 내 민족에게 그리스도의 진리를 전하고 싶었다. 교회에서 몇 시간 동안 공적으로 내 믿음을 고백한 후 나는 성령님의 인도하심을 받아 강둑의 한 공원에 있는 교육 수준이 높은 사람들에게 진리를 전했다. 몇 년간 그렇게 자발적이고 독립적으로 복음을 전했다. 상급생이자 곧 교사가 될 부담되는 상황에서도 나는 노방 집회 장소, 도시 그리고 시골에서 대중(가끔씩 오천 명이나 됐음)에게 말씀을 전했다. 직접적이고 솔직하게 전했다. 삶에 그리스도의 복음을 받아들이라고 가슴과 머리에 호소했다. 그러나 곧 나는 이 모든 것 즉 비인간적이고 모호한 관계, 그로 인한 공허감, 정신적이고 육체적인 면에서의 큰 희생, 그리고 무엇보다도 명성과 명예가 무익하다는 것을 깨달았다. 나는 다카(Dacca)의 시골, 바리살(Barisal), 파리드뿌르(Faridpur), 제소르(Jessore), 쿨르나(Khulna), 나디아(Nadia), 24 빠르가나스(Parganas), 그리고 빠브나(Pabna)에서 복음을 전했다. 나는 항상 외국인 선교사와 인도인 전도자들과 함께 협력했다. 나는 강당과 다카와 꼴까따의 광장에서 설교했고 지도자로서 모트(John R. Mott)와 에디(Sherwood Eddy)의 대형 전도 집회를 준비했고 꼴까따와 뱅갈에서 전도 집회를 홍보하는 월간지 쁘라짜르 아비잔(Prochar Abhijan)의 첫 번째와 마지막 단계의 편집자였다. 능력 있고 독특한 박뜨 알라우딘 칸(Bhakt Alauddin Khan)의 지도력 아래 하나님의 교회(the Church of God)의 전도 활동에도 기꺼이 협력했다. 박뜨 알라우딘 칸의 단체는 최초로 독립적이고 자발적으로 힌두 문화에 적절하게 전도를 했다. 그리고 20세기 초반에 아삼(Assam), 뱅갈(Bengal), 그리고 오디샤(Odisha)를 들썩 거리게 한 영적 운동에도 협력했다.

그러나 곧 나는 새로운 영, 더 고상한 동기, 적절하고 조용한 전도에 끌렸다. 즉 개인적이고 친근하고 문화에 적절하고 영적이면서 타당하고 효과적인 방법을 말하는 것이다.

내 작고 조용한 사역에 풍부하게 복을 주신 하나님께 감사하지 않을 수 없다. 내 삶과 사역의 방법에 너무 많은 비난이 있다. 비난하는 사람들은 외국인 선교사들보다 인도인 기독교인들이 더 많다. 그러나 나는 하나님의 성령이 나와 함께 계시고 나를 인도하신다는 확신을 가지고 개종했다. 아주 소수의 사람들만 힌두 문화에 적절한 삶과 접근법을 좋아하거나 이해했다. 오래전 북인도 머수리(Mussoorie)의 란도르(Landour) 지역에 있는 공동체 센터에서 내가 300여명의 선교사들에게 힌두 문화에 적절한 선교 방법을 설명하고 있었을 때 한 유명한 선교사-다스의 전기문에 따르면 베반 존스(L. Bevan Jones)-가 엉뚱한 질문을 해 내가 놀랐다. '다스 당신이 소개하는 새로운 개종 방법의 궁극적인 결과는 무엇입니까?' 그 답을 잘 알고 있어야 했던 사람이 그렇게 질문했다. 나는 그가 존중하는 태도를 보인 청중의 한 사람으로서 그런 질문을 한 것이 아니라 나를 당황시킬 목적이라고 느꼈다. 나는 성령님을 인도하심을 받아 내 사역의 열매를 공개했다. 그 전에는 공적인 장소에서 사역의 열매를 공개하지 않았었다. 나는 20세기 후반 삼분의 일 기간 동안 아쉬람과 바라나시 도시 연합 선교회(BUCM)에서 일했다. 연구, 경험, 사역 목적 또는 단기 관찰자로서 방문한 많은 인도 기독교인들이 나에게 자주 질문했다. "다스 선생님은 기독교인으로서 이교의 짙은 어두움으로 둘러싸인 이 도시에서 어떻게 살고 계십니까?" 그들 가운데 일부는 자신들의 견해를 지지하기 위해서 성경까지도 인용했다. 나는 기독교의 현재 전도 신학이 품위가 없고 비성경적이라는 것을 걱정한다. 그들이 사도 바울을 제대로 알고 있었다면 그런 무신론을 드러내지 않았을 것이다. 나는 편견과 질투가 두렵다.

[—]

꼴까따와 세람포르 (1910-1918)

[—]

7년간의 꼴까따의 체류 기간은 역동적인 생각과 건설적인 과제로 가득했다. 특히 대학과 그 밖의 학교에서 사역하고 있었던 선교사들이 힌두들이 귀하게 여긴 힌두 문화에 적절한 기독교 예배 방법과 설교 방법에 호의를 보이고 협력했다. 그러나 다른 선교 단체와 교회 사역자들은 의심과 질투로 바라봤다.

내 기숙사에 한 남자 대학원생이 있었다. 고차원적 질문을 했던 그는 인도인의 감정을 무시하고 교회 전통을 지나치게 강조하는 기독교의 추한 모습을 보고 세례를 받지 않았다.

[—]

아그라 성 요한 대학: 1918-1922

아그라의 사회 상황이 어려웠지만 성 요한 대학의 기독교인들은 도시에 긍정적인 도움을 주지 못했다. 많은 힌두 학생들과 약간의 교육을 받은 힌두들이 기독교에 영향을 받고 있었지만 예수님을 믿겠다고 결심하는 사람은 없었다.

그러나 멀리서 기쁜 소식이 들렸다. 내가 아그라에 사는 동안 늙

으신 내 아버지(Shree D. N. Das)는 집에서 1,000마일 이상 떨어진 다카의 외떨어진 시골에서 회개하고 침례를 받았다. 그의 나이 60세(1919년)였다. 그는 훌륭한 의사인 예수님을 믿고 기적적으로 그리고 즉시 고통스런 만성 위장병을 고침 받았다. 과거를 돌이켜 보면 그는 1908년 내가 침례를 받자 극도로 슬퍼했었다. 나를 정말 사랑했기 때문이었다. 내 침례로 인한 슬픔뿐 아니라 평안과 진리를 찾고자 아버지는 전보다 더 열성적으로 다양한 힌두교의 전통을 따랐다. 많은 성지와 성자를 방문했다. 그러나 아무 것도 쓸모가 없었다. 결과 아버지는 건강을 잃었다. 그러다가 그는 성경을 공부했다. 하나님께서 긴급히 평안이 필요한 때 그를 직접 만났고 그는 자신을 죄인이라고 느끼고 하나님께 자신을 드렸다.

나에게 침례를 줬던 침례교 선교사 피터 노블 목사(Rev. Peter Noble)가 소수의 기독교인들과 함께 아버지가 계셨던 시골로 찾아가 집 앞의 강에서 침례를 줬다. 내 양어머니는 아버지가 물속에서 나오는 것을 집에서 보고 자신의 아들을 데리고 집을 떠나 영원히 돌아오지 않았다. 농사와 밭일 그리고 시장에서의 작은 장사 심지어 요리까지 혼자 하면서 아버지는 고통스러워했다. 그러나 인내하며 말년을 행복하게 보냈다. 그는 약 9년간 기독교인으로 살다가 평안하게 세상을 떠났다. 아버지의 삶은 자신의 시골 마을에서 살아 있는 구원자의 실체를 드러냈다. 그것은 강력한 간증이었다.

뱅갈 중부 꾸쉬띠아(Kushtia), 나디아(Nadia) 지역: 1922-1924

CMS 선교 기지에서 나는 최초의 인도인 선교사였다. 몇 년 전 정치 소요가 있었고 1908년 마지막 영국인 선교사가 총에 맞아 숨진 후 열매 맺던 선교지에서 아무도 사역하지 않고 있었다. 우리가 인도 문화에 적절하게 전도를 하자 힌두들이 즉시 예수님께 나아왔다. 힌두 개종자의 공동체가 성장하자 교회도 전도와 예배 목적으로 즉시 건축 됐다.

　[一]

　나는 교회 선교사 협회(the Church Missionary Society)와 협력했다. 학자지만 상상할 수 없을 정도로 제국주의적 사상을 가졌고 그 지역 교회 위원회 의장이었던 영국인 피어스 목사(Rev. R. F. Pearce M. A.)는 분별력 없이 내 사역을 방해했다. 사역의 자유가 제한받는 것을 인식했을 때 나는 기쁘게 사임했다. 그 후 적절한 지도력 부재로 인해 아무도 선교지를 돌보지 않았다.

　[一]

뱅갈 룽뿌르(Rungpur Dist.) 지역의 꾸리그람(Kurigram)과 랄마이르하뜨(Lalmairhat): 1924-1930

　[一]

　이 교회와 선교 단체[미국 하나님의 교회(American Church of God)]의 형제들은 내가 영국 성공회(Anglican Church) 신자라는 사실을 문제 삼지 않고 자신의 신자처럼 허입했다. 그들은 교단적인 것과 교파적인 것을 초월했다. 나는 정말 그들과 형제다운 신뢰와 교제를 즐겼다. 치료자이신 하나님을 믿는 그들의 믿음이 내 영적 경험을 깊게 했다. 특히 아무도 방해하지 않아서 내 생각과 사역 방법을 추구하는데 완전한 자유를 누렸다.

　그러나 바나라스 도시 연합 선교회(Banaras United City Mis-

경전을 읽고 있는 사두, 북인도 바라나시
A Sadhu and a picture of Siva in Kayasth Tola, Varanasi, Uttar Pradesh in Northern India, 2012

sion)가 나를 초청했을 때 친구들이 힘들어 했다. 정착하고자 했던 꾸리그람을 떠나야 해서 나도 쓰라렸다. 그러나 나는 떠나야 했다. 많은 사람들이 나에게 제안을 했고 성령님께서 확실하게 인도하셨다. 하나님께서는 내가 BUCM을 통해 아쉬람, 신전, 학교, 대학교, 기숙사와 대체로 교육 수준이 높은 힌두들-순례자, 사두(결혼하는 사제), 산야시(결혼하지 않는 사제), 성자와 현자, 제사장-을 대상으로 복음을 전하기를 원하셨다. 1930년 7월 어느 날 나는 아내와 여섯 명의 어린 자녀를 데리고 가장 행복하게 사역 할 바라나시에 도착했다. 1년 전 BUCM이 설립됐을 때 합류한 잭슨 목사(Rev. J. C. Jackson) 부부가 나를 따뜻하게 맞았다.

…BUCM과 아쉬람(원래 선교 목적으로 설립됨)에서 내 사상과 방법이 새로워졌다. 처음에 상류 카스트와 하류 카스트 모두 우리의 사역을 존중해서 우리는 모든 면에서 온정을 느꼈다. 그들은 우리를 콕 찌르며 반대하는 소수의 작은 사건을 막아주기도 했다.
[一]

첫 해에 나는 모든 공동체 출신의 중류층(middle class)과 대졸자 이상의 남자들과 여자들로 구성된 바나라스 협회(Banaras Fellowship)를 조직했다. 이 일을 통해 나는 많은 사람들을 알게 됐다. 즉 종교적이고 문화적인 힌두, 시크교도, 자이나교도, 불교도, 무슬림 그리고 브라흐모교, 라마크리슈나 선교회, 아르에 사마즈, 신지학 협회(Theosophical Society) 같은 현대에 생긴 단체의 신자들과 아쉬람과 힌두 단체들의 지도자들을 말한다.

그 후 바라나시의 기독교 사역자들이 전도 사역을 위해 모든 힌두교의 형식을 연구할 목적으로 단체를 설립하고자 했다. 그 단체는 1939년 힌두교 연구를 위한 기독교 협회(Christian Society for the Study of Hinduism)라는 이름으로 조직됐다. 그 협회는 교단 감독, 교장, 교수, 사역자 등이 활동하는 다양한 교회와 선교 단체의 대표들과 협력했다. 그러나 여러 가지 이유로 1956년 해산됐다. 인도의 모든 지역과 외국에서 힌두교를 배우고자 1,000명 이상의 남녀노소가 찾아왔다. 대부분 다양한 단체의 전도자들뿐 아니라 신학생들과 교사들이었다. 그들은 전도 사역에 영감을 얻고 힌두 사역에 적절한 접근법을 배우고자 했다.

다시 한 동안 북인도의 아쉬람 운동이 바라나시에서 활발하게 일어났다. 인도 문화에 적절하고 독립적인 교회가 바라나시에서부터 시작됐다. 인도 기독교인들이 인도 문화에 적절하게 삶을 표현해야 한다고 강조한 것과 이 세 개의 운동이 전도 사역의 영적인 면과 지적인 면에 각각 영향을 끼쳤다.

[—]

내 아버지보다 더 오래 산 양어머니는 나중에 예수님을 향한 자신의 믿음을 고백했고 병원에서 죽음을 앞두고 마지막 순간에 입술로 예수님의 이름을 불렀다.

[—]

1908년 다카에서 침례를 받았을 때 친척과 공동체에서부터 시작해 내 민족에게 복음을 전하고 싶다고 한 내 꿈이 크게 이뤄져 만족한다. 이뤄지지 않은 부분은 내 개인적 부족함 때문이다. 하나님의 거룩한 이름을 찬양하자.

(위 글은『영생을 얻은 사람을 통해 본 하나님의 구속 사역과 창조적 다룸』(God's Redemptive Arts and Creative Dealings Through One Who Found Life)에서 가져온 내용이다. 30쪽 짜리 소책자로 다스가 개인적으로 출판한 이 책은 다양한 곳에서 다스의 사역을 통해 예수님을 믿은 다양한 개종자들의 목록을 수록하고 있다. 출판년도가 명시돼 있지 않지만 아마도 1963년으로 추측된다.)

6. '바라나시 크리스트빤티 아쉬람' ^(그것이 어떻게 설립됐나)

1908년 침례를 통해 교인이 되고 교인들의 생활을 본 후 나는 아주 확실하게 인도 기독교인들이 인도 문화에 뿌리를 내리지 못해 생명력이 부족하다고 느꼈다. 인도 기독교인들은 서양식 사고, 서양식 예배 그리고 모든 면에서 서양식 삶을 복사했고 인도 교회는 인도의 어떤 곳에서도 존재하지 않는 아주 이상한 모습이었다. 그들은 영적 삶을 풍부하게 하지도, 전도를 하지도 않았다. 그래서 나는 늘 실망하고 만족할 수 없었다. 게다가 나는 카스트 제도 밖에 존재하는 교회 안에 기독교인들 가운데 교제와 형제애를 볼 수 없었다. 나는 힌두 가운데도 똑같은 종교 차별이 있다고 느꼈다.

그래서 나는 특히 신세대 기독교들과 새 무슬림과 힌두 개종자들의 도움으로 이 심각한 단점을 고치기 위해 뭔가를 해야겠다고 결심했다. 나는 젊은 사람들로부터 놀라운 반응을 얻었다. 우리는 침묵, 명상, 그리고 자유로운 사고로 교제하며 교회 문제를 해결하려고 다양한 지역에 수련회를 조직했다. 어느 일요일 저녁 늦게 내가 교수 생활을 시작한 꼴까따의 성 바울 대학의 내 집에서 나는 힌두 문화에 적절한 기독교 예배를 조직했다. 호기심 많은 학생, 개종자 그리고 교회와 전도 사역을 하는 지도자들이 참석했다. 그리고 나는 꼴까따의 다양한 지역에서 예수님을 믿는 교수, 학생, 그리고 다른 사람들로 구성된 설교 모임도 조직했다. 이 모임들에 예수님을 모르는 사람들이 붐볐다. 우리는 힌두 문화에 적절한 접근 방법을 사용했다… 그 후 내가 나디아 지역 성공회 위원회(Nadia Dist. Church Council)의 관할 지역 안에 있는 꾸쉬띠아(Kushtia) 선교 기지의 책임자가 됐을 때 전도 목적으로 새 교회를 세웠다. 문화에 적절한 새로운 방법으로 큰 열매를 거뒀다. 무슬림과 힌두 공동체 둘 다에서 개종자들이 생겼다. 우리는 아쉬람(Ashram. 힌두 종교

수련 기관)과 비슷한 접근법을 사용했다.

그 후 뱅갈 북쪽 룽뿌르 지역(Rungpur district)에 있는 하나님의 교회(the Church of God)로부터 초청을 받았다. 그들은 나에게 선교 기지를 만들어 달라고 했다. 그 기지는 큰 규모로 개발될 예정이었다. 그곳에도 많은 개종자들이 참석했다. 나는 사역을 완전히 자유롭게 했다. 이것은 외국 선교 단체 안에서 실시한 아쉬람과 비슷한 또 하나의 접근법이었다. 그러나 하나님은 바라나시에서 나를 위한 특별한 계획을 갖고 계셨다.

일곱 개의 영국 선교회와 기관들은 바라나시에서 정통 힌두와 실제 믿고 있는 힌두들-사두, 산야시, 힌두 아쉬람 신자, 신전 제사장, 브라민, 순례자 그리고 대체적으로 교육을 많이 받은 사람들-을 대상으로 연합 선교를 시작했다. 1930년 BUCM(Banaras United City Mission. 힌디어로는 Kashi Khristiya Sangha)가 나를 초청해 힌두 문화에 적절하게 그리고 영적인 면과 지적인 면에서 내 생각대로 사역을 발전시키도록 했다. 나는 완전한 자유를 갖고 다양한 활동을 조직했다. BUCM에 사용할 수 있는 건물이 하나 있어서 나는 거기에 호기심 있는 사람, 개종자, 사두, 산야시 그리고 교회와 선교 단체에서 파송 받은 사람들과 함께 아쉬람을 시작했다.

크리스트빤티 아쉬람(Khristpanthi Ashram. 그리스도를 따르는 사람들의 수련 기관)에 관해 짧은 소개를 하고자 한다. 영어로는 그리스도의 방법대로 믿는 사람들의 교제(A Fellowship of the Followers of the Way of Christ)이며 인도 선교사 협회에 가입돼 있다. 바라나시에서의 사역(대상, 특징, 프로그램, 그리고 계획)은 다음과 같다. 사역은 순례자, 사두, 그리고 산야시와 다른 정통 힌두 단체, 학생, 대체적으로 교육을 많이 받은 사람들을 대상으로 직접 전도를 한다. 주된 대상은 살아 있는 믿음을 갖고 적극적으로 활동하는 힌두교도다. 나는 25년 간 바라나시에서 사역할 때 공격적으로 충돌하는 것을 피하고 친근한 접촉을 통해 기독교인의 영향을 끼치고 복음을 소개해 왔다. 이 끈기 있고 따뜻한 접근법이 많은 열매를 맺었다. 전도 목적을 위한 활동 외에 교육 받은 사람들을 대상으로 이상적인 문화 활동도 전개했다. 우리는 기독교와 힌두교에 관해 영적으로 높은 수준의 토론을 제공했다.

대체적으로 프로그램과 계획은 다음과 같이 구성돼 있다.

(1) 문서, 강의, 예배, 성경 공부, 치유, 그리고 가정과
    종교 기관의 정기 방문을 통한 전도
(2) 다양한 관점으로 힌두 문화와 신앙 연구
(3) 교회 안에 아쉬람 운동 개발과 성도들의 자원 봉사 격려
(4) 주로 북인도 힌두 대상으로 사역
(5) 대중이 참여할 수 있는 문화적 그리고 지적 활동

1947년 나는 은퇴했고 BUCM도 문을 닫았다. 그러나 나는 하나님께서 내가 계속해서 일하길 원한다는 것을 정말 확신했다. 내 모든 친구들 즉 인도인과 외국인 친구들 그리고 인도 선교 위원회도 똑같은 확신을 갖고 있었다. 사실 런던 위원회(The London Committee)도 내 사역의 정신과 방법, 대상과 전통이 점차 인도 기독교인의 삶 속으로 흡수돼야 한다고 희망하고 있었다. 나는 선교 기관

인 크리스트빤티 아쉬람이 독립적이고 힌두 문화에 적절한 방향으로 발전돼야 한다고 열망하고 있었다. 마침내 바라나시와 북인도에서의 내 사역이 UP주 기독교 위원회 산하 NCC와 특히 NMS로부터 인정받았다. 모든 인도 국내 단체뿐 아니라 국제단체로부터도 지지와 좋은 평판을 얻었다. 내 사역에 조언과 도움을 제공하는 조언 위원회가 있다. 잠재적인 후원자들을 확보하기 전에 사역 예산도 준비됐다. 나는 인도가 내 사역의 뿌리가 돼야 하고 실질적인 지지를 해줘야 한다고 본다. 그러나 또한 참 기독교의 보편성을 믿는 나는 이 부족한 사역이 서양에도 소개돼야 한다고 믿는다. 이 비전과 계획에 대해 당신에게 정중하게 묻고 싶다. 당신과 당신의 지지자들이 인도의 힌두 중심지에서 행해지고 있는 이 사역을 도덕적 그리고 물질적으로 후원할 수 있는 방법을 숙고해 보도록 요청한다. 사역을 뒷받침하기 위한 정기적으로 보장된 기금을 마련돼 사역자들이 통찰력을 갖고 계속해서 복음을 나누기를 바란다.

(The Seeker, Vol. 9, No. 2 & 3, 1955. 또한 The Seeker & Pilgrim, Vol. 13 No. 3, 1959)

제 3장 | 힌두교 이해하기

(21, 80, 81, 82, 112, 114, 119, 123, 173번 참고)

'부주의하고 단순하게 힌두교에 접근해 연구하는 경우가 많다. 그런 것은 지식이 거의 없는 것과 마찬가지로 위험하다. '힌두 사상과 믿음, 관습과 율법' 즉 힌두들이 '위대하다 '고 생각하는 것들이 기독교인들한테 꼭 그렇지는 않다. 그러나 우리가 효과적으로 기독교 진리를 전하는 사람이 되고자 한다면 우리는 힌두의 위대함과 생명력을 인정해야 한다.'
Convictions of Indian Disciple, p. 11

'모든 사려 깊은 사람들은 단점으로 가득 차 보이는 힌두교가 이슬람이나 서양 물질주의보다 그리스도의 기독교와 훨씬 가깝다는 것을 알 수 있다.'
The Seeker Vol 2 No. 2, 1948 p. 20

'힌두가 근본적이고 정통적 힌두 신앙을 고수할수록 그리스도에 가까이 있는 것이다.'
The Seeker Vol 2 No. 3, 1948, p. 21

'예수님이 이스라엘보다 이방인 가운데 예수님을 향한 믿음을 가진 사람이 많다고 하신 것처럼 기독교인들보다 미개하고 경멸받는 힌두 우상숭배자 가운데 예수님을 믿는 사람이 많다.'
The Seeker Vol 9 No. 6, 1955, p. 29

'예수님의 증인들과 함께 27년 동안 정통 힌두들을 대상으로 일하면서 우리에게 어떤 적개심이나 무례함을 품은 힌두들을 만난 적이 없다.'
The Seeker and Pilgrim, Vol. 12 No. 1, 1958, p. 23

7. '힌두교 연구'

유럽 출신의 동양 학자와 인도 학자들이 애정 없이 지식과 모험심으로 산스크리트어와 힌두교 관련 분야를 연구하고 책을 써오고 있다. 또한 일부 선교사들과 인도 기독교인들이 선교 동기 없이 같은 일을 해오고 있다. 힌두교에 관한 선교 문서를 두 번째 분류함에 있어서 효과적인 시도는 아주 중요하다… 진리와 관용의 관점을 가지고 다른 주제를 다루는 것처럼 기독교인들도 그렇게 힌두교를 연구하는 것이 필요하다. 그리스도가 진리라면 기독교 학생들은 너무 호기심을 갖거나 두려워할 필요가 없다. 기독교인들이 가장 높고 고상한 힌두들을 존경, 사랑, 그리고 겸손의 마음으로 만나며 기독교 진리로 답을 주는 것이 필요하다. 그러나 민감하고 책임이 무거운 일을 수행하는데 있어서 모든 사람이 이성적 또는 감정적으로 적당한 것은 아니다. 연구는 진리에 관한 관심뿐 아니라 상호 이해와 선의 같은 현재의 긴급한 이유로도 진행돼야 한다. 무지는 위험한 증오와 폭력을 낳는다.

The Seeker, Vol. 1 No. 1, 1947

8. '힌두교 접촉 시 필요한 현대 기독교 변증학 1

[一]

(A) 베다는 모든 필수적인 요소-융통성 있게 적용 가능하고 재해석 가능-에서 힌두교의 원천이다. 성경으로 돌아가라는 구호와 유사한 '베다로 돌아가라'는 단지 현대에 생긴 것이 아니다. 힌두교는 오랫동안 베다로부터 영감, 힘, 그리고 빛을 얻어 사회 혁명이나 정치적 격변으로 생기는 특정한 상황에 대처하고 있다…

(B) 힌두교는 얕게 관찰하는 사람들이 생각하듯이 단순한 이교 사상이 뒤범벅됐거나 모순된 관습이 넘쳐나는 종교가 아니라 인내심 있고 편견 없는 모든 사람들에게 완전한 통일성과 특정한 기본 진리의 성장을 가져올 수 있는 종교라는 것을 인식해야 한다. 힌두교는 심한 충돌, 베다 아리안교(Vedic Aryanism)와의 오랜 접촉과 폭넓은 타협, 그리고 드라비다 문화와 원주민 종교의 영향으로 생긴 종교다. 그러므로 우리는 겉으로 보이는 힌두교의 모순에 놀랄 필요가 없다.

(C) 힌두교는 영적으로는 다른 신앙을 포함하고 이해하고 흡수하지만 실천적으로 그리고 사회적으로는 배타적이어서 카스트 안과 카스트 밖 사람을 나눈다. 힌두교 사상은 두려움이 없고 파격적으로 보편적이다. 그리고 끝없이 철학과 신화를 만들어 낸다. 그러나 실제 삶에서는 아주 비판적이고 심지어 강압적이고 시야가 좁다. 그리고 힌두교는 스므리띠(smritis. 베다로부터 파생된 힌두 관습법을 총칭하는 말. 스므리띠는 신으로부터 계시 받은 경전의 총칭인 슈루티-삼히타, 브라마나, 아란야카, 우파니샤드-에 비해 권위가 떨어짐. 그러나 현대 힌두들은 스므리띠 경전에 더 친숙함)와 삼

히타(samhitas. 보통 네 개의 대표적인 베다를 뜻함. 베다는 찬가, 제사의식, 기도문, 예언, 재앙을 제거하고 복을 비는 내용 등으로 구성됨) 사상에 힘을 얻어 바르나쉬람(varnashram. 사회 계급 제도. 보통 카스트 제도를 뜻함)을 잉태했다.

(D) 힌두교는 추상론, 예배, 그리고 사회 활동에 있어서 자연의 질서를 지지한다. 그러나 하나님의 본성, 의지, 진리 그리고 세상의 의미를 명확하고 절대적으로 표현함에 있어서 부족함을 보인다…
   [―]

힌두교는 인간의 외부와 내부(인간의 상상을 초월하는 우주의 법과 인간 영역 안에 존재하는 세상의 법)에 까르마(karma. 신의 도덕 질서)라 불리는 사회 윤리적 제도를 잘 고안해 냈다.
   [―]

힌두교는 찬미자이자 구도자인 인간에게 모든 것을 무시하는 동시에 이해하면서 자신의 정체성-영원하고 절대적인 존재(brah-man. 브라흐만)와 함께 존재하는-을 인식하라고 한다. 힌두교는 극히 작은 그릇에 베단타를 만들어 냈다. 베단타는 지금까지 인간이 만들어 낸 가장 심오한 철학이자 인도의 지식인들이 흡수하고 존경하고 넋을 잃은 위대한 철학이다.

힌두교는 또한 대중 종교 체계도 만들었다. 즉 수백 개의 성지와 신성한 물, 크고 작은 신전, 수백 만 명의 사두와 산야시, 제사장과 구루(스승) 집단, 수백 개의 아쉬람과 끝없는 축제와 금식일을 말한다. 이 모든 것들은 보통 남녀와 어린이들을 바쁘게 하고 외관상으로 만족하게 한다.

(E) 오늘날 기독교는 살아있는 정통 힌두교를 마주 대하고 있다. 원래 힌두교의 많은 부분은 감정이 없고 율법적이고 제도적이지만 겉으로는 조직화되어 있지 않고 완전히 자유롭고 쉽게 감동받을 수 있게 되어 있다…

[—]

(Pilgrim Vol. III No. 1, April 1943. 이 논문은 1942년 12월 인도 중부 뿌네에서 개최된 인도의 신학 과제(the Theological Task in India) 대회에서 발표됨. 이 논문의 후반부는 이 책 22번에 실려 있음)

사리를 입은 힌두 여성들
Women in saris, 1912

9. '힌두교: 그 힘의 원천'

각기 다른 시대의 위기에서 생긴 다양한 역사를 갖고 있는 힌두교의 힘의 원천은 영감, 정신적인 빛, 그리고 아주 깊고 견고한 적응의 힘이다.

1. 모든 단점과 약점에도 불구하고 힌두 가정은 세상에서 최고의 가정이다. 힌두 가정의 여성은 통합된 종교와 문화의 유지자다. 그들은 보물 상자(종교와 문화)의 관리인일 뿐 아니라 자유롭고 화려한 삶의 개척자다… 그들은 어린이들과 이웃들에게 나라와 신들을 향한 사랑을 가르친다. 그들은 남자들에게 셀 수 없이 많은 유명한 신전과 종교 축제와 신성한 물(강)을 방문하도록 격려한다. 한 마디로 말해서 힌두 여성은 사회-문화적 제도이자 종교-윤리화 운동인 힌두교의 진리와 미를 불멸케 하고 돌보고 다음 세대에게 전수해준다. 이것은 교육 받았거나 문맹이거나 높은 카스트거나 낮은 카스트거나에 상관없이 평균적 힌두 여성들이 하는 것이다.

2. 제사장과 하인을 구별하는 계급 제도 그리고 맹목적으로 신들을 숭배하게 하는 제도를 유지하는 힌두 신전은 힌두교를 지지하는 협력 기관과 유대 관계를 형성한다… 힌두의 99%가 힌두 신전에 애정을 갖고 있다… 신전은 보통의 힌두의 마음과 사고에 가장 구체적이고 선명한 영성과 신앙심과 예배의 그림을 제공한다. 힌두들은 우상숭배와 제사장 독점주의보다 진심, 믿음, 그리고 신전 예배에서 드리는 예배를 더 중요하게 인식한다. 그들은 신에 대한 어떤 것을 움켜잡을 수 있다고 느낀다…

3. 힌두 성지: 실제로 인도에 수백 개의 성지가 있다. 성지들은 바라나시처럼 훌륭한 배움터, 위대한 성자와 종교 개혁자들의 삶으

로 신성해진 장소 또는 주요 신들이 거주하는 곳이다. 성지들은 거의 항상 거룩한 강둑이나 외딴 언덕이나 숲이 울창한 곳에 숨겨져 있다. 그것들은 이상적이고 장엄한 곳에 위치해 있다… 순례자들은 대개 두 부류로 나눠진다. 가장과 수도승들이다. 수도승들은 사두(결혼하는 사제)와 산야시(결혼하지 않는 사제) 즉 영원히 또는 한 동안 세상을 포기하고 방랑하며 도를 닦는 사람들이다.

…잘 선택된 지역에 위치한 신전들과 아쉬람들은 대중 힌두교와 고차원적 힌두교 모두에게 확고부동한 영적 발전소 역할을 한다. 보통 산야시의 희생은 위대하다. 그들은 깊고 진지한 평안을 찾는다. 정말 중요한 방법으로 영적 경험을 깨닫는다. 그들 가운데 많은 사람들이 순결한 성품의 훌륭한 본보기다. 산야시들은 일반적으로 학습, 연구, 그리고 명상을 좋아하고 대중들은 산야시의 영적 권위를 존중한다…

…이 지극히 중요한 성지로부터 힌두교는 역사 이래 계속해서 갱신하며 번영하고 있다. 가끔 사기를 치기도 하지만 말이다. 인도인과 외국인 기독교인들은 이런 면을 인식하는 것이 필요하다. 힌두교가 곧 파괴돼 기독교가 될 것이라고 너무 낙천적으로 생각해서는 안 된다.
[—]

(Pilgrim Vol. 11 No. 1, 1952)

10. 바라나시와 순례자

　바라나시는 힌두교의 머리와 가슴 둘 다를 대표한다. 바라나시에는 수백 개의 신전과 종교 기관뿐 아니라 아주 중요하고 오래된 학습 기관이 상당히 많다. 산스크리트어로 의사소통하고 베다를 고대의 억양으로 가르치는 학교들도 있다. 실제로 모든 힌두 교파와 힌두 철학파 그리고 모든 현대 힌두 단체들이 바라나시에 자리 잡고 있다. 바라나시 힌두들은 주로 돌로 만들어진 쉬바 신의 생식기를 숭배한다. 모든 교파의 힌두들이 바라나시에 와 갠지스강에서 매일 목욕을 하는데 특히 초승달, 음력 11일, 월식과 일식 등의 힌두 절기, 그리고 다양한 신과 여신들을 집중적으로 예배하는 기간에 더 더욱 붐빈다. 바라나시에는 종교 권위자, 대제사장, 그리고 신학자 즉 힌두 경전을 해석하고 중요한 문제 결정을 하며 힌두교와 사회 조직을 통제하는 사람들이 살고 있다.

　바라나시는 베다 시대 때부터 시작된 즉 최소한 4,000년 된 도시다. 원래 바라나시는 갠지스강의 강둑에 위치한 숲이었다. 구도자들과 속세를 떠난 사람들이 조용히 힌두 경전을 연구하고 명상하기 위해 찾아와 초라한 오두막과 작은 신전을 짓곤 했다. 오랜 역사 동안 모든 유명한 힌두 종교 교사들과 성자들이 바라나시를 방문했다…

　축제 기간이 아닌 때에도 먼 지역에서 수백 명의 순례자들이 바라나시를 방문하고 바라나시 인근 지역에서도 수천 명이 찾아온다. 길한 날이나 유명한 축제 때에는 방문객의 숫자가 수천 명으로 증가하는데 심지어 50만 명이 순례를 오기도 한다…

　순례자들의 종류는 다양하다.

힌두 순례자들이 갠지스 강변의 다사스와메드 가트에서 힌두 의식을 하고 있다.
그들은 갠지스 강물에 목욕하면 죄가 씻기고 구원을 얻는다고 믿는다.
Ganges river at Varanasi in India, 2008

첫째, 보통 시골 사람들 특히 농부들인데 대부분 문맹이다. 순례자 가운데 그들의 수가 가장 많다. 그들은 아내나 과부가 된 어머니나 여동생을 데리고 온다. 그들은 친척이나 마을 단위로 함께 오는데 한 번에 수백 명이 오기도 한다. 그들은 대개 가난하고 소박한 사람들이지만 강하고 신실한 믿음을 갖고 있다. 제사장들이 집에서 바라나시까지 멀고 힘든 여행을 안내한다. 그런 제사장들을 빤다(pandas)라고 부르는데 그들은 주로 재정적인 이익을 위해 그런 일을 한다. 빤다들은 할 수 있는 만큼 위협과 거짓말로 순진한 순례자들에게서 돈을 갈취한다…처음에 그들은 인내심을 가지고 공감을 표현하며 강한 신앙심을 가진 힌두들에게 접근해 순례 여행을 제안한다.

둘째, 적은 수지만 보다 높은 사회적 지위를 갖고 있고 사회에서 중요한 역할을 하는 사람들이다. 그들은 퇴직한지 얼마 되지 않은 사람들로서 특정 분야에 고급 지식을 갖고 있는 등 교육 수준이 높으며 가끔 부부 동반으로 오기도 한다. 그들은 종교와 평안과 진리를 추구하기 위해 온다. 그들은 긴 시간 동안 여행을 하며 지적인 눈으로 사물을 관찰한다. 순례자들의 일부는 영국인들이며 헌신된 힌두교 신자이다.

셋째, 사두(결혼하는 사제)와 산야시(결혼하지 않는 사제)다. 그들은 세상을 포기하고 종교적인 색깔을 나타내는 길고 품이 넓은 겉옷을 입고 방랑한다. 그들은 대개 남자지만 가끔 다양한 문화와 종교 배경을 갖고 있는 여자도 있다. 보통 사제들은 어떤 교파나 종교 학파에 속해 있다…

넷째, 가정과 고향을 떠나 바라나시 같은 성지에 가서 사는 사람들이다. 그들은 경전 연구와 기도와 명상과 자신의 교파의 종교 의식을 거행하며 성지에서 죽음을 기다린다.

다음은 순례자들의 행동, 동기, 그리고 경험이다.

순례자들은 갠지스강의 거룩한 물에서 목욕하거나 경우에 따라서 다른 강에서 목욕한다. 그들 가운데 많은 사람들은 죄를 씻거나 감사를 드리거나 갑작스런 불행을 제거하기 위해서 예배 때 야즈나(제물)를 드린다. 그들 가운데 어떤 사람들은 수많은 점쟁이 가운데 한 명에게 찾아간다. 모든 점쟁이들은 오직 돈을 벌 목적으로 길조, 흉조, 중립을 말한다. 점쟁이들은 보통예언하면서 무서운 일을 겪고 있는 순진한 사람들에게 겁을 준다. 어떤 순례자들은 죽었지만 윤회에서 벗어나지 못한 조상이나 친척들의 영혼(manes. 마네스)에게 삔다스(pindas. 밀이나 쌀을 둥글게 반죽한 것)를 제공한다. 소수의 순례자들은 살아 있는 암소를 예배한다. 그러나 이 관습들은 급속히 사라지고 있다. 황소(nandi. 쉬바신이 타고 다닌 소)의 형상을 예배하는 모습은 흔하다. 제대로 목욕을 하고 수염을 깎고 더럽혀진 물건을 순결하게 하거나 이마에 띠까(tika. 종교 의식 표시)를 한 후 주요 신전에 간다. 꼭대기에 금박을 입힌 황금 사원(the golden temple)에 가서 필수 의식을 지키며 바닥에 안치돼 있는 돌로 만들어진 쉬바 신(우주의 주인이라고 불림)의 생식기를 예배한다. 특히 바라나시의 쉬바 신의 생식기는 남자의 생식기와 여자의 생식기가 결합된 모습이다. 사려 깊은 힌두는 외설스런 모습에서 철학적인 의미를 찾는다. 즉 생식기가 신의 창조적인 우주 원리를 나타낸다고 생각한다. 순례자들은 자신들의 교파에 속하지

쉬바신 형상, 북인도 하리드와르
Shiva Statue on Ganges in Haridwar, 2015

않는 많은 신들과 성자들도 방문해 예배를 드린다. 그들은 또한 역사 유적지를 방문하고 지역 특산품을 구매하기도 한다.

순례자들은 이런 종교 의식을 통해 무엇을 경험하고 바랄까? 모든 순례자들이 무감정으로 급하게 종교 의식을 하는 것은 아니라는 것을 기억하자. 적지 않은 힌두들이 개인적으로 기도하고, 조용하고 깊게 경전을 연구하고, 몸과 마음을 철저히 단련한다. 그 가운데 일부는 다른 사람들에게 종교적 의무를 가르친다. 순례자들의 궁극적 목적이 무엇일까? 순례 여행을 하는 대다수는 이런 고행과 의식을 통해 구원의 확신을 얻고자 한다. 순진하고 문맹인 시골 사람들의 일부는 죄와 잘못에 아주 예민해서 물에 몸을 담그는 행위가 물에 몸을 씻듯이 마음을 깨끗하게 씻는 것을 상징한다고 믿는다… 상상이 풍부한 사람들은 힘든 순례 여행에서 영적 그리고 정신적 이익을 얻는다고 강조한다. 즉 순례 여행이 몸을 단련시키고 영원한 신을 더 생각하게 하고 신의 임재 안에서 마음을 수련할 수 있는 기회를 제공한다고 생각한다. 이런 행위들이 마음을 죄에서 멀어지게 한다고 생각한다. 신실한 구도자들은 영원한 진리(신)를 깨닫고 깊이 명상한다. 어떤 순례자들은 특별한 곳에서 행한 희생(헌신)을 통해 윤회에서 해방된다고 주장한다. 또한 모든 사람이 세상 사람들의 본성인 마음의 평안을 원한다는 것에 의심의 여지가 없다. 어떤 사람은 영원한 신에 관한 참지식을 얻은 다른 순례자들을 만나서 그들의 깨달음을 통해 기쁨을 체험한다. 많은 순례자들이 갠지스강에서 목욕을 한 후 기분이 더 좋아졌다고 말하고 미래에 더 나은 삶을 살겠다고 맹세한다… 이 모든 종교 행위에서 도덕적 악인 죄를 이해하는 면이 약하고 회개가 주로 감정적이다. 그들은 하나님의 구속 사역 또는 하나님의 은혜에 관해 일치되거나 명확한 개념을 갖고 있지 않다.

11. 꿈부 멜라(The Kumbhu Mela)

꿈부는 아주 오래 전부터 정기적으로 개최되는 엄청난 종교 의식이다… 신실한 기독교 신자라면 꿈부를 생각할 때 많은 질문이 생긴다. 그 누구도 꿈부의 인기와 매력을 부정할 수 없다. 힌두교의 가장 아름다운 모습이 모든 사람의 마음을 감동시킨다. 아무도 힌두 사상과 자발적 실천과 보편성을 의심할 수 없다. 시인, 화가, 음악가, 신비주의자, 그리고 예술가들에게 영감을 제공하는 꿈부는 정말 멋진 문화다. 철학가들도 꿈부에 많이 찾아온다. 꿈부는 방문객들에게 잠시 통일성과 존경심을 불러일으킨다. 꿈부는 크고 다양한 힌두교 교파들이 자신들의 교리와 진리를 전할 수 있는 기회를 제공한다.

꿈부는 단순함의 원리, 큰 포기, 고행과 자연스러움, 고통과 종교 추구의 어려움과 종교 연구의 어려움, 믿음의 단순성, 많은 대중의 신실함과 심각함, 포기의 마음, 모험심, 즐거운 모험, 의도적으로 항상 천천히 진리를 추구함, 평화, 힘, 그리고 영원한 신을 쉽게 묘사하고, 정말 목샤(moksha. 해탈) 또는 묵띠(mukti. 구원)를 갈망하게 한다. 인도의 문화에 참된 기독교인의 삶과 참된 교회의 성장을 위해 기독교인들이 꿈부에는 배우고 따라야 할 것이 많다. 그렇다면 꿈부를 지키는 이유가 뭘까? 어디서, 왜, 그리고 어떻게 생긴 축제일까? 기독교는 그리스도와 십자가를 갖고 있지만 꿈부는 역사적 또는 현실적 답을 주지 않는다. 신화, 전설, 그리고 상징은 인간의 인격 형성에 필요한 핵심을 가르치거나 효과적인 역할을 할 수 없다. 인간에게는 진리, 빛, 의, 그리고 절제가 필요하다. 신비주의, 눈 먼 믿음, 그리고 목적에 대한 명확한 계시가 없는 감정주의는 우리의 인격을 통합시키지도, 확실한 비전을 주지도 못한다. 꿈부는 힌두교의 정수라고 알려져 있다. 그런데 꿈부가 힌두교의 정수라는 표현은 너무 일반적이어서 보통 사람조차 명확히 이해하지 못한다.

꿈부는 평범한 일상에 어떤 영향을 주고 있는가? 꿈부에서 모든 포기와 고행을 배워 가난한 자와 병자와 불구자를 돕고 노예를 해방시키는가? 이런 질문을 기준삼아 오늘날 모든 종교를 비판할 수 있을 것이다.
　[一]

(The Seeker, Vol. 8 No. 2, 1954)

수많은 사람들이 갠지스강에서 목욕하고 있다.
12년 만에 돌아온 북인도 알라하바드 꿈부 멜라 풍경.
Kumbh Mela, Allahabad, 2013. Photo: sebadella

12. '축제들과 신들'

오랫동안 일간지와 정기 간행물의 편집자들은 위대한 사람들의 가르침과 삶을 출판해 오고 있다. 특히 종교 설립자, 종교 축제의 기원과 의미 등을 소개한다. 다른 문화를 공감하게 하며 선의와 화합을 품게 하는 그들의 동기는 칭찬받을 만하다. 그들이 모든 민족, 종교, 그리고 공동체와 인종이 평화를 추구하도록 한다는 것에 의심의 여지가 없다. 평화는 현재 긴급히 필요한 것이다. 세상은 의심, 분리, 무시, 미신 그리고 증오로 지쳐있다.

1949년 2월 우리는 큰 관심을 가지고 홀리(Holi) 축제에 관한 논문을 읽고 배웠다… 특히 쁘라붓다 바라뜨(Prabuddha Bharat)에 실린 '깔리 신과 쉬바 신'(Kali and Siva)에 관한 대담한 접근법과 발표가 시선을 끌었다. 우리는 상상력을 발휘한 설명에 고마움을 느낀다. 그러나 우리는 다음과 같은 것을 생각할 수 있다.

(1) 모든 종교는 참되고 어느 정도 동등하다. 우리의 상상은 항상 증거가 없고 미숙하고 비과학적이다. 사례나 상징이나 상상을 통해 어떤 것을 확실히 알지도 못하고 견해의 진실 여부를 증명할 수 없다.

(2) 우리는 힌두교의 사실 또는 실체에 관해 항상 영적으로만 해석하고 있다. 그런 해석은 학자답지도, 과학적이지도 않다.

(3) '대중 또는 교육 수준이 낮은 사람들이 행동하고 이해하거나 믿는 것은 사실이 아니고, 모든 사실과 겉으로 보이는 것 뒤에 존재하는 중요한 의미는 지적인 사람들만 볼 수 있다.'고 생각하는 것

114

은 자연스러운 것을 믿지 않고 일부러 꾸민 것을 믿는 것이다. 대중은 쉬바 또는 깔리를 진짜 남신 또는 여신으로 믿고 숭배한다. 이것은 사실이다. 그러나 한 학자는 이것을 비유나 우화로만 본다. 그러나 그의 의견으로 수백 만 명의 남녀들이 많은 남신과 여신을 믿고 숭배하고 있는 사실을 부정할 수는 없다. 질문이 생긴다. 남신과 여신은 사람들의 마음에 먼저 존재하는가 아니면 사람들의 철학적인 설명에 먼저 존재하는가?

　위 내용에 관해 우리는 두 가지를 관찰해야 한다.

　첫째, 만약 영적이고 철학적인 설명이 실체를 상징한다면 즉 실체가 하나이자 영적이고 물질적이라면 존재하는 모든 것은 망상이거나 진리에서 탈선한 것이다. 그렇다면 대중이 거짓과 어둠에 만족하게 해서는 안 되고 열심히 그리고 성실히 사까르바드(sakar-bad. 어리석은 종교 행위)를 단념하도록 해야 한다. 그런데 과거에 우리가 사까르바드를 금지한 결과 오히려 수많은 사람들의 사고, 마음, 그리고 가정에 사까르바드가 심하게 쌓이고 있다. 이렇듯 소수의 개혁가들이 종교 개혁을 추구해 오고 있지만 대중은 개혁을 비참할 정도로 외면하고 있다.

　둘째, 축제들과 신들을 영적이고 철학적으로 해석한다고 해서 해석자의 품위가 높아지는 것은 아니다. 그런데도 우리나라의 기독교 지도자들은 힌두 관습 너머에 존재하는 힌두교의 정수가 아니라 우상숭배와 힌두교의 상징물들이 나타내는 도덕적인 면에 지나친 관심을 갖고 있다. 힌두를 포함한 모든 종교의 사람들을 소개할 때 순결하고, 고차원적이고, 품위를 높이는 방법을 사용해야 한다. 억지 해석이 아니라 있는 본래의 모습을 알려야 한다.

　(The Seeker, Vol. 3 No. 1, 1949)

13. '소가 중요한가 아니면 사람이 중요한가?'

[一]

인도에서 소들을 보호하는 것이 필요한가 아니면 사람을 보호하는 것이 필요한가? 수천 년간 카스트 제도로 인해 종교, 사회, 그리고 경제적으로 불공평의 조건에서 살아온 사람들이 존재하는 나라 그리고 오늘날에조차 당연하게 카스트 경계 밖에서 살며 극도의 빈곤, 불결, 질병, 빚, 그리고 무지에 빠져 있는 7천 만 명의 하리잔(Harijan. 신의 사람들이란 뜻. 전통적으로 불가촉천민을 뜻함)이 존재하는 나라 그리고 카스트 안에서 일하고 생산하며 사회의 중추 역할을 하고 있지만 사회적 지위와 존경을 얻지 못하는 수많은 수드라 계층이 존재하는 나라에서 보호뿐 아니라 진보와 발전이 필요한 존재는 동물이 아니라 사람이다…

우리는 이의 없이 소가 유용한 동물이라고 인정한다. 다른 많은 동물들도 그렇다. 이성적인 사람은 소와 염소 사이의 차이를 종교적으로 구분하지 않을 것이다. 우리는 실용성의 차이를 제외하고 소와 다른 동물 사이에 본질적인 차이가 있다는 것을 부인한다. 극단적인 종교심으로 오래 전에 아리안족이 소고기를 먹었다는 사실을 부정해서는 안 된다. 반박할 수 없는 증거가 베다 경전에 있다. 소고기를 먹는 사람 가운데 리쉬(rishi. 아쉬람에 거주하며 깨달음을 나누는 수도승)와 무니스(muni. 깨달음을 나누지 않고 혼자 사는 수도승)도 많다. 오늘날에도 일부 힌두 단체는 소고기를 먹는다. 오늘날 교육 수준이 높은 많은 힌두들은 인도의 멋진 호텔이나 외국에서 소고기를 즐긴다. 현대에 소고기를 먹는 풍습이 사라지고 있는 것은 좋은 현상이다. 그러나 소 도축에 반대해 법률을 제정하는 등의 소란을 떠는 것은 지혜롭지 못하고 위험하기까지 하다. 대

쉬바신이 타고 다니는 성스러운 소, 난디
Statue of the bull Nandi, 1942

부분의 인도 기독교인들은 습관처럼 소고기를 먹지는 않지만 많은 무슬림들과 인도에 사는 외국인들은 소고기를 먹기 때문이다.

소를 완전히 무시하는 힌두들도 있다. 그들은 소에게 음식을 주지 않거나 잘 돌보지 않는다. 정부의 동물 부서에서 소를 기르는 힌두에게 충분한 혜택을 주지도 않는다. 우유 거래상 즉 실제 소 주인들은 어미 소에게서 최대한의 우유를 얻기 위해 송아지들이 젖을 제대로 먹지 못하게 한다. 그래서 소와 소과에 속하는 동물들의 건강이 나빠지고 있다. 욕심 많은 농부들은 모든 흙을 갈아엎어 소가 목초를 먹지 못하게 한다. 소들은 자주 무자비하게 얻어맞기도 한다. 이런 상황을 개선하면 소의 상태가 현재보다 열배는 나아질 것이다.

오늘날에도 사람이 빈대와 작은 동물에게 피를 빼앗기고 있는 나라 그리고 바라나시와 같은 수백 개의 성지와 다른 대도시에서 암소와 황소에게 다치고 죽는 사람들이 존재하는 나라에서 보호를 받아야 할 존재는 사람이다. 상대적 가치에 대한 우리의 생각을 정말 수정하는 것이 필요하다.

(The Church of Christ, Vol. 3 No. 4, 1966)

14. P. D. 데바난단(Devanandan)의 현대 힌두교 연구

　다음의 비평은 데바난단(P. D. Devanandan)이 1958년 2월 13
일 더 가디언지(The Guardian)에 쓴 것이다.

　'힌두교는 부흥하기만 하는 것이 아니라 주요 믿음을 바꾸기도
한다. 현대의 어떤 힌두도 세상이 착시라고 생각하지 않는다. 그들
은 삶이 냉혹하다고 본다. 그들은 결코 모든 것을 운명이라고 결론
짓지 않는다. 대신 그들은 영원한 신의 의지에 관해 말한다. 그러므
로 우리가 알고 있는 인도의 힌두교는 어떤 면에서 새로운 종교다.'

　위 내용은 현대 힌두교가 베다의 뿌리와 기원을 부정하고 오랜 시
기에 걸쳐 발전한 힌두 사상과 삶에 반대한다는 것이다. 그러나 실
제로는 어떤 것도 변하지 않았다. 그럼에도 불구하고 사람들은 힌
두교를 표면적으로만 관찰해 데바난단 박사가 주장한 결론에 동의
한다. 그러나 대중은 마야(maya. 착시)나 까르마(karma. 공덕)를
믿는 것을 멈추지 않고 있다. 다양한 시대에 다양한 철학 사조가 다
양한 해석을 내놨다. 어떤 사조는 힌두교를 '새로운 종교'로 인식
하지 않는다.

(The Seeker and Pilgrim, Vol. 12 No. 3, 1958. 이 책 165번 참고)

15. 요가에 관한 견해

약 4천 년 동안 인도에 다양한 형태의 요가가 존재해 오고 있다. 요가는 과학이자 예술이다. 요가의 본질적 목적은 영원한 실체를 이해하기 위함이다. 이 목적을 성취하려고 요가를 통해 육체와 정신 기능을 조절하고 조화시켜 정신 균형과 영적 평안에 도달하려고 애쓰는 것이다. 대부분의 초보자는 목적 달성에 실패하고 소수만 성공한다. 요가를 통해 궁극적으로 세속적 영만 발견할 수 있다. 요가가 추구하는 영원한 실체는 은혜와 사랑, 도덕과 진리의 존재인 인격적인 하나님이라기보다 단순한 영적 물질이다. 만약 소수만 삿씻아난다(sachchidananda. 실체, 지혜, 그리고 기쁨)를 경험한다면 요가의 유익이 뭔가? 요가는 거대한 인본주의를 걸러낼 수 없다. 요가 중에 많은 사람들의 몸의 조직과 기능이 상한다. 반대로 신약성경에 바탕을 두고 기독교식 기도와 명상을 하는 사람들은 진리의 빛을 인식하고 치유 받고 도움을 받는다. 아이가 엄마에게 말하는 것처럼 하나님께 기도하라고 가르친 예수님의 말씀이 옳다. 얼마나 자연스럽고, 쉽고, 열매 맺는 방법인가!

(The Church of Christ, Vol. 9 No. 2 1972)

16. '초월 명상' (Transcendental Meditation)

오늘날 세상에 긴급히 그리고 대규모로 필요한 것은 창의적 사고력-전 세계가 수용할 수 있는 단순한 기술을 활용해-을 획득하는 방법이다. 그것은 지금 초월 명상을 통해 얻을 수 있다. 하루 두 번 20분간 생각을 깨워라. 명상 기술은 중요치 않다. 당신의 몸, 사고, 그리고 영이 힘을 얻고 깊이 쉬는 것을 즐겨라. 당신은 살아 있는 힘의 원천과 최고의 지성적 존재를 접촉하게 된다. 덜 민감해지고 피로도 줄어든다. 불안감도 줄어든다. 신경 체계가 원기를 회복하고 정상으로 작동한다. 특히 다른 사람과의 관계에서 큰 결실을 거둬 믿음과 원리를 더 잘 나눌 수 있게 한다. 생리학적으로 그리고 심리학적으로 초월 명상의 이점이 많고 다양하다.

(The Church of Christ, Vol. 10 No. 3, 1973. 이 책 42번 참고)

제 4장 | 전도

'나는 항상 성경과 기독교 문서를 많이 갖고 다니면서 나눠줬다. 왜냐하면 나는 특히 인도에서 성경의 힘을 확고하게 믿기 때문이다.'
The Seeker, Vol. 2 No. 1, 1948, p. 34

'북인도에서 선교가 시작된 지 150년이 지났지만 자격 있는 유럽 선교사 뿐 아니라 인도 선교사도 찾기 힘들다. 무슬림 뿐 아니라 힌두에게도 예수님이 필요하다.'
The Seeker, Vol. 5, No. 2, 1951, p. 7

'열매를 너무 갈망해서는 안 된다. 기독교인들은 니쉬깜 까르마(nishkam karma)의 마음을 키워야 한다··· 힌두를 접촉할 때 전도 동기(개종시키려는 열망)를 부자연스럽게 그리고 의식적으로 최우선으로 삼지 말아야 한다. 모든 선교사들은 완전히 자연스럽고 자발적으로 선교해야 한다. 도움이 필요한 사람을 기독교인으로 만들 의도로 접근하지 말아야 한다. 한 영혼을 그리스도께 인도하는 것은 성령님의 특권이다. 우리의 특권은 삶과 말을 통해 그리스도 안에서 하나님을 사랑하고 하나님을 위해 봉사하고 하나님을 드러내는 것이다.
The Seeker, Vol 6, No. 6, 1952, p. 17

'자신의 믿음을 효과적인 방법으로 다른 사람들과 소통하지 않는 한 어떤 교회도, 모임도, 조직도 참 기독교인들의 모습이라고 볼 수 없다.'
The Seeker and Pilgrim, Vol 15. No. 1, 1961, p. 15

'우리는 전도 대상자들이 그리스도를 알고 따르도록 기도해야 한다. 모든 상황에 열정적이고 분별력 있는 기도 없이는 지식과 방법이 쓸모없다. 우리는 특히 가난한 사람, 도움이 필요한 사람, 병든 사람, 그리고 죽어가는 사람 즉 고통과 어려움을 겪는 사람들을 위해 기도해야 한다. 기독교인의 믿음은 삶, 예배, 그리고 개인 기도로 증명돼야 한다.'

How to Present Christ to a Hindu, p. 22

I. 기본 원리 ^(61, 78, 171번 참고)

17. '하나님 나라와 인도 복음화'

도입

…우리 모두는 지난 30년간의 전도 사역이 무시 받고 부진하고 비효과적이었다는 것을 인식해야 한다. 전도 사역이 별로 눈에 띄지 않고 있다. 대체적으로 기독교 사역자들이 복음 전파가 아니라 더 나은 명예를 얻는데 즉 자선 행위에 관심과 힘을 쏟고 있다. 많은 시간과 돈이 조직과 행정에 사용되고 있다. 인도주의적 행위가 기독교인의 사랑과 삶 속에서 비롯된 것이라는 사실을 결코 부인할 수 없다. 그러나 특히 생명의 원천 대신에 기독교인의 삶의 결과를 강조하는 것은 비기독교인들을 잘못 인도하는 것이다…

1. 서양에 근대주의(modernism), 지성주의(intellectualism), 그리고 성서의 고등 비판(higher criticism)이 꾸준히 성장하고 있다. 그 사상들이 종교의 생명력을 약화시키고 있다. 그 사상들의 물결이 다양한 경로를 통해 인도의 해변에 이미 상륙했고 교육 받은 기독교인들이 감동받고 있다. 그 결과 영적 침체와 무관심이 생기고 있다.

2. 많은 선교사들과 인도 기독교인들이 인도 종교 문화, 문명, 철학, 역사, 예술, 그리고 문학을 접촉한 후 관대하고 율법적이지 않은 사고방식을 갖게 됐다. 그런데 한 편으로 그들은 균형을 찾는데 힘들어하고 있다. 즉 복음을 훼손시키지 않으면서 융통성 있게 인도 문화를 존중하며 복음을 전하고자 한다. 복음의 문을 닫는 것이

아니라 복음을 소통해야 한다.

3. 선교에 반대하는 유럽과 미국의 기독교인들은 인도가 문명화됐고 충분히 영적이어서 기독교가 필요하지 않다고 본다. 이런 결과는 선교사들의 책임이다. 그들은 지혜롭지 않게 후원금을 요청하고 문명화된 인도인의 삶을 아주 낮은 수준이라고 보고했다. 선교사들은 모든 사람이 문명화됐더라도 예수님의 피를 인정하는 면에는 비문명화됐다는 불변의 사실을 인식해야 한다…

4. 많은 선교사들이 시간과 재능을 과도하게 행정과 단체 유지 업무에 사용하고 있다.

5. 인도에 민족주의의 물결이 일어나고 있다. 외국 선교사들과 인도 기독교인들 모두가 현재의 인도 정치 상황을 두려워하고 있다…

6. 현지 교회가 전도해야 한다는 인식이 거의 없다. 어느 정도까지 현지 교회가 전도할 수 있고 해야 하는지에 대한 생각이 명확하지 않다. 동시에 슬프게도 선교 단체에서 전도가 무시당하고 있다… 또한 전도 사역이 월급 받고 조직에 속한 사람들의 특별한 의무라는 생각이 인도 교회의 전도 동기를 억누르는데 이바지하고 있다.
[—]

전도 방법

…당신이 전도 열매를 원한다면 자연스럽고 친밀한 개인 관계가

절대적으로 필요하다. 기독교인은 어딜 가든지 개인적으로 우정을 쌓고 죄인들을 신뢰해야 한다. 거리나 강당이나 교실이나 직장에서 사람들을 만날 때 개인적으로 친분을 쌓아야 한다. 그렇지 않으면 뛰어난 설교나 깊은 사상이나 착한 삶이 거의 아무 열매도 맺지 못한다… 전도를 잘하는 사람은 개인을 잘 '사귄다.' 사람들을 만날 때 자연스러워야 하고 사무적 또는 사업적 분위기가 없어야 한다. 얼마나 많은 사람들이 사무적이고 직업적인 접근법으로 다른 사람들을 잃고 있는가? 우리는 성령님께로부터 감동 받고 안내 받아 인위적인 방법을 사용하지 말아야 한다. 개인적 관계를 쌓아야 한다는 생각을 가진 참 전도자는 모든 기회와 상황을 자연스럽게 이용할 것이다. 예수님은 내가 생각하는 이상적인 선교사다.

[—]

여기서 질문이 하나 생긴다. 개인 전도가 최고의 가치를 갖고 있다면 다른 형식의 기독교 사역과 설교 즉 노방 전도, 단체 성경 수업, 부흥회와 대 전도 집회는 어떻게 평가해야 하는가? 그리고 또한 교육과 의료 사역 그리고 지역사회 개발, 모자 복지, 농업, 소외자 보호 시설, 사회봉사 그리고 다양한 자선 사업은 어떻게 봐야 하는가?

나는 망설이지 않고 이 모든 사역들이 좋고 필요하다고 본다. 현재 인도는 물질을 동반한 기독교 봉사가 긴급히 필요하다. 그러나 인도는 영적인 얼굴도 갖고 있다. 그러므로 물질 사역만 한다면 우리는 영적 동기를 잃고 외적인 것에 마음을 빼앗길 수밖에 없다. 인도의 성인 남녀 그리고 어린이들과 개인 관계를 쌓지 못하면 복음을 전할 수 없다. 모든 고상한 인도주의적 일을 하는 사람들은 한

면만 보고 있다. 기독교인이 인도와 세계에 줘야 하는 가장 위대하고, 가장 많은 열매를 맺고, 가장 복된 선물은 예수 그리스도 자체와 성경이다. 단순한 물질적 도움은 사람들의 마음을 소생시키지도, 속박과 타락에서 건지지도 못한다. 생명수와 생명의 빵이 없다면 인도는 영원히 배고프고 목마를 것이다…

  [—]

  전도자는 어떤 식으로든 뿌린 씨가 언젠가 열매를 맺을 것이라는 모호한 희망을 가지고 복음을 전해서는 안 된다. 대신 대상자(구도자)를 구체적으로 이해해야 한다. 그리고 대상자들이 확실히 예수님을 믿을 수 있도록 기대하고 기도해야 한다…

  [—]

  사람들의 집을 방문해서 그들의 기쁨과 슬픔, 희망과 동경을 함께 나누고 그들을 이해하라. 종교에 관한 대화를 나누되 말싸움을 하거나 말싸움을 좋아한다는 인상을 주지 말라. 가능하면 사람들과 함께 사적으로 성경을 읽고 함께 기도하라. 그러나 그들을 보통 교회 예배에 데려가지 말라. 사람들을 개인적으로 방문하는 것보다 돈독한 관계를 쌓을 수 있는 더 확실한 방법은 없다. 무료 배포 또는 판매를 위해 복음 소책자를 많이 준비하라. 전도 대상자의 상황을 계속 주시하라.

  [—]

전도 문제
a. 힌두교의 주변

1. 현재 그리고 가까운 미래에 인도 기독교에 가장 큰 위험은 혼합주의와 타협주의다. 영원주의자(sanatanist. 영원한 것을 추구하는 자), 신지학 협회(the Theosophical Society. 접신론자), 브라흐모(Brahmo. 힌두 개혁주의자) 그리고 기도 협회(Prarthna Samaj) 등이 그런 사상을 활발하게 번식시키고 있다. 그들의 신념과 교묘한 영향력이 아주 멀리 퍼지고 있다. 비슷한 다른 단체들도 동참하고 있다. 힌두교의 핵심 사상은 다음과 같다. '모든 종교는 참되다. 인간은 어떤 방법으로도 진리 또는 영원한 신을 만날 수 있다. 그러므로 인간은 종교를 바꿀 필요가 없다. 모든 종교의 핵심은 같으므로 종교를 바꾸는 것은 중요한 문제가 아니다.' 이런 힌두 사상은 이성적으로 지지받을 수 없다. 또한 사실에 기초한 정확한 지식이 부족하고 자기모순을 명확히 드러내는 것이다. 그러나 보통 사람들은 철학적이지 않고 언행일치에도 거의 관심을 기울이지 않기 때문에 힌두 사상이 교육 받은 사람과 그렇지 않은 사람 둘 다에게 큰 영향을 끼친다. 즉 힌두 사상은 지적인 추구와 영적인 차이로부터 오는 부담과 책임감을 떨쳐 버리게 하며 인간의 마음과 의지에 독특한 여유, 휴식, 그리고 위로를 준다. 역사를 연구하는 사람들이 힌두 사상을 좋아한다. 힌두 사상은 역사에 존재한 종교의 잔인한 불관용과 무서운 핍박을 체험한 후 여유, 휴식, 그리고 위로를 주는 자신의 사상을 발전시켜 오고 있다. 기독교도 힌두교에 불관용과 핍박을 가했다.

평화와 선의를 위한 혼합주의자(힌두)의 동기가 진실하다는 것을 인정하지만 기독교인은 힌두의 사상을 따를 수 없다. 왜냐하면 첫째 힌두 사상은 거짓이고, 둘째 힌두 사상이 세계에서 가치 있는 역할을 전혀 하지 못했기 때문이다. 진리를 희생시켜 평화를 사려는 희망과 노력은 무익한 것이다. 오늘날 기독교 전도자에게 가장 큰 위험은 바로 이 힌두 사상이다. 전도자는 힌두교에 공감하며 임시적 평화를 추구하는 힌두교의 모호함에 빠져 전도 열정을 잃기 쉽다. 힌두는 자기만족으로 인해 썩기 쉽고 점차 지적이고 영적인 공허함을 느낀다. 기독교인이 할 수 있는 최선은 기독교 진리의 유일성을 확신하고 힌두에게 그 진리를 계속해서 전하는 것이다. 기독교 복음은 신선하고, 명확하고, 참되고, 살아 있다. 반대로 힌두교는 그런 면들이 부족해 단순함과 본성의 힘으로 자신의 부족함을 계속해서 극복하려고 한다.

2. 참 사도적인 기독교의 성장에 두 번째로 가장 큰 위험은 베단타의 아드바이티즘(advaitism. 비인격적 일원론)다. 이 사상도 혼합주의 같이 아주 교활하고 폭넓게 영향을 끼치고 있다. 일부 기독교인들은 베단타 사상의 화려함과 심오함에 쉽게 압도되는 경향이 있다. 베단타 사상의 어떤 면들은 기독교 관점으로 봐도 가치 있다는 것은 확실하다. 그러나 베단타가 주로 강조하는 것은 반 기독교적이다. 그래서 그리스도를 전할 때 선교사는 첫째, 힌두들의 진짜 어려움을 이해하고 성경을 꾸준히 연구해 힌두들이 성경의 도덕적 우월성을 받아들이고 실천할 수 있도록 하는 것이 좋다. 둘째, 학문을 추구하는 습관, 성경 묵상을 지나치게 강조하는 것을 피해야 한다. 만약 강조하면 사람들이 길을 잃을 수 있다. 베단타 사상의 도덕성은 삶을 약하게 하고 삶을 영원히 말살한다. 만약 베단타와 기독교의 도덕 차이를 강조한다면 힌두교와 기독교 둘 다에게 좋을 것이다.

3. 그 다음으로 위험한 것은 우상숭배와 다신숭배다. 어떤 호칭을

붙이든 모든 힌두는 필수적으로 우상숭배를 하고 다신을 믿는다. 보통 힌두들은 수세기 동안 우상숭배 관습에 아주 열중해있다. 그들은 너무 물질주의적이어서 영적이고 도덕적인 진리에 반응하거나 받아들일 수 없다. 그들은 진리를 붙잡지 않지만 만약 붙잡는다 해도 진리를 우상으로 만들어 숭배한다. 그들은 기독교 같이 탁월하게 영적이고 도덕적인 종교는 매일 실천하기에 너무 고차원적이고 어렵다고 말하거나 형상을 만드는데 마음이 쏠려 다른 신들 옆에 예수님의 형상을 놓고 예배한다. 그들은 맑고 권위 있는 예수 그리스도(하나님의 분명한 형상)의 삶과 인격이외에 어떤 것도 우상숭배를 향한 본능을 만족시킬 수 없다는 것을 잊지 말아야 한다. 그러나 여전히 아무도 우상숭배가 쇠퇴하고 있다고 말할 수 없다. 힌두교가 외적으로 이슬람교로부터 거친 충격을 받아왔고 내적으로 기독교에게 패배했다는 것에 의심의 여지가 없지만 지난 25년간 힌두교가 활기차게 부흥하고 있다. 나는 카스트제도와 더불어 사라져야 할 힌두의 우상숭배는 오직 힌두교 자체가 죽을 때만 가능하다고 믿는다.

4. 다음의 장애물은 카스트 제도와 관련된 모든 것이다. 카스트 제도가 기독교의 진보뿐 아니라 모든 도덕적, 사회적, 그리고 영적 개혁을 가로막고 있다는 것은 정말 사실이다. 카스트 제도는 브라흐모교 같은 개혁 운동을 넓고 깊은 힌두교의 내부에 가라앉혀 버렸다. 남인도 기독교인들은 카스트의 영향을 받아 몇 세기 동안 영적 불임과 이기주의에 빠져있다. 교회와 선교 단체들이 정신을 바짝 차리지 않으면 카스트의 영향을 받을 수 있다. 나는 카스트와 결코 타협해서는 안 된다고 본다…

5. 또 다른 장애는 까르마(karma. 공덕)와 윤회(rebirth)를 믿는 신앙이다. 이 신앙들은 기독교의 진리를 부정한다. 힌두들은 오랜 세기 동안 이 신앙들에 길들여져 거의 변화하기 힘들 정도다. 시련, 유혹, 그리고 고통의 관점에서 힌두는 어떤 다른 민족에서도 볼 수 없는 삶을 영위하고 있는 것 같다. 까르마의 이론적 가치에 상관없이 힌두가 실생활에서 그리스도의 십자가에서 나온 아름다움, 사랑, 용서와 힘을 인식하기 시작했다. 힌두가 천천히 그리스도에게 항복하고 있다. 우리는 부활로 완성된 십자가를 계속해서 소개해야 한다.

(The Message of the Kingdom of God: Sat Tal Ashram Essays, 1932)

18. '어떤 전도 원리'

[一]

1. 먼저 우리 모두가 인식해야 하는 사실은 전도가 교회의 의무나 책임이 아니고 오히려 거룩하고 정말 즐겁고 고귀한 특권이라는 것이다. 전도가 단순한 의무로 간주되는 한 생명의 힘이 제대로 분출되지 않는다. 전도는 초대교회처럼 사랑과 자발성으로 봉사하는 삶과 예수 그리스도 안에서 누리는 풍요로운 삶 가운데 계속해서 흘러나와야 한다. 책임감 때문에 전도를 하면 힘들고, 비용이 많이 들고, 꺼려하고, 계산하게 된다. 전도가 자유로운 특권과 사랑의 삶의 자연스런 결과라는 것을 깨달을 때 전도를 즐겁고 무의식적으로 하게 된다. 그 결과 사람들을 감동시키고 사람들에게 복을 빌어주면서 모든 것을 변화시킨다.

2. 우리의 마음에 새겨야 하는 두 번째 사실은 전도 즉 삶과 말씀을 통해 인내하고 복음을 소통할 때 제국주의-정치, 문화 또는 종교 영역에서-의식으로 해서는 안 된다는 것이다. 전도는 세상을 통치하는 제국의 영역이 아니라 영적인 영감과 영향력을 끼치는 교회 또는 기독교의 영역이다. 전도는 인간 조직 기관의 영역이 아니고 부르심을 받은 겸손한 나사렛 예수님의 제자들이 할 일이다. 전도는 정말로 영적이고 눈에 볼 수 없는 제국 즉 하나님 나라에 속한 것이다. 전도는 하나님께서 인간의 마음과 사회관계를 통치한다는 것을 뜻한다. 처음에 그리스도의 제자들은 우리 안에 그리고 보통 사회에 존재하는 하나님 나라를 위해 예수님을 전하도록 부름 받았다…

3. 내가 정말 진실하게 강조해야 하는 세 번째 사실은 인간과 하

133

나님 그리고 인간과 인간을 화해시키기 위한 동기는 무한한 공감과 사람을 압도하는 사랑에 바탕을 둬야 한다는 것이다. 사랑에 기초를 둔 동기로 영혼 뿐 아니라 사고방식과 육체도 해방시켜야 한다. 나는 기독교 선교 역사에서 교회가 하나님과 그리스도의 권위와 명령을 지나치게 강조해 선교사들을 파송하는 것을 당연시 해왔다고 느낀다.

사랑과 명령은 분리될 수 없다. 실제로 그리스도는 사랑 때문에 명령했다. 파송은 사랑이 재촉하는 것이다. 그런데 파송에 음흉한 위험이 도사리고 있고 많은 선교사들이 그 위험에 빠지고 있다. 우리가 세상으로 가서 단지 명령과 권위에 기초를 두고 사역하고, 병자를 치유하고, 귀신을 쫓으면 현지인들이 사무적이고 외적으로 느낀다. 우리 마음과 공감 또는 겸손 안에 사랑의 풍부함과 빛이 없다면 사람들은 우리의 사역을 이기주의로 느끼고 우리를 떠난다. 그리고 우리의 활동들은 단지 매력적인 자선 행위로만 존재할 것이다…

4. 나 자신과 다른 사람들에게 소개해야 하는 네 번째 사실은 예수님의 구원의 진리와 은혜를 증거 하기 위해 사람들을 접촉하는 것 즉 개인적으로 예수님의 증인이 되는 것이 아주 가치 있고 중요하다는 것이다. 이것은 우리의 사역의 실제 효과와 영구적 이익의 관점에서 본 것이다. 교리가 아무리 참되고 잘 기록됐다 해도 친밀한 우정을 통해 따뜻하게 개인의 영적 경험을 전달하는 것보다 설득력이 약하다…

…기독교 변증학과 논쟁이 어떤 상황에서는 아주 유용하지만 보

통은 상대방이 방어하고 심지어 적개심을 표출한다. 그러나 그리스도의 도우심을 통해 개인의 영적 경험을 나누는 것은 상대방이 거룩함, 사랑, 그리고 하나님과의 화해를 동경하도록 일깨운다. 그래서 나는 우리 모든 사역에서 개인 접촉과 우정 쌓기가 중요하다고 주장한다…

(National Missionary Intelligencer, Vol. XXX No. 5 May 1936)

19. 개인전도

[―]

말씀 연구, 묵상, 찬양, 기도, 친절한 합리성, 설득, 의식, 마음, 의지를 통해 조용하고 개인적으로 전도하면 밀이 가라지와 섞일 위험이 덜하다. 단순하게 지성에 호소하면 사람들을 개종시킬 수 있을지 모르지만 궁극적으로 메마르고 복음을 전하지 않는 신자를 낳게 된다. 지금까지 해온 것처럼 개방된 공간에서 군중을 대상으로 감정에 강하게 호소하고, 두려움을 강조하며 열정적 설교를 하고, 사람들의 특성과 우직함을 이용하거나 현세적 성공을 간접적으로 장려하면 많은 사람들이 개종할지 모르지만 사람들은 진리의 중요성과 가치를 훼손시키며 눈에 보이는 이익을 극단적으로 중요시한다.

[―]

20. 전도 대회는 있지만 실천은 없다

　…반세기 동안 사람들이 전도의 고민을 점점 적게 하더니 오늘날에는 고민하는 사람이 거의 없다. 그런데 그들은 엄청난 비용이 드는 전도 훈련 과정을 만든다. 그렇다면 실제로 얼마나 많은 지역에서 얼마나 많은 형제와 자매들이 사랑(정죄가 아닌)과 겸손(교만함이 아닌)으로 그리스도를 위해 전도하는가? 세계에서 예수님을 믿지 않는 많은 사람들에게--〉사람들이 각종 사회제도를 통해 최소한의 생계를 지원받고 있다. 그러나 만약 그들이 예수님과 성경과 성령님을 개인적 구원자로 믿어 왔다면 그들의 삶이 정말 나아졌을 것이다. 그들이 그저 명목상의 신자라면 아무리 많은 수련회나 성경 공부나 기도나 토론도 쓸모가 없다. 그들은 단지 '소리 나는 구리와 울리는 꽹과리' 일 뿐이다…

(The Seeker, Vol. 10 No. 1, 1956)

21. '바라나시-힌두교의 중심: 인도 기독교 정신에 도전'

[-]

힌두 문화에서 바라나시가 차지하고 있는 대단한 위치를 고려하며 다음의 주제 아래서 힌두교를 추론하고 요약할 수 있다.

(1) 건설적인 방법과 긍정적인 복음 내용

기독교인들은 정통 신앙을 유지하고 있는 힌두를 반드시 만나야 한다. 매일 우리는 이곳 바라나시에서 영어로 교육 받아 종교의 내적 생기를 잃은 힌두가 아니라 실제하고 신실하고 살아 있는 힌두들을 만난다. 믿음과 치유와 기도를 강조하는 사도적인 살아 있는 기독교만이 왕성하게 살아있는 힌두교의 우상숭배, 카스트 그리고 사제중심주의에 맞설 수 있다. 힌두교에게 우선적으로 살아 있는 구원자이며 새 생명과 성령을 주시는 예수 그리스도가 필요하다. 기독교인의 생명력으로 깊은 신념을 갖고 있는 정통 힌두를 만나는 것은 감격스러운 일이다. 만날 때 충돌하거나 반박할 필요는 없다. 정통 힌두의 기질과 특징 가운데 많은 것들이 신약성경의 신앙과 유사하다. 두 신앙의 만남을 통해 우리가 힌두들을 또 다른 그리고 더 진실한 정통 신앙으로 인도할 수 있을지 모른다. 그러나 기독교가 생명력 없는 힌두교의 사상을 몰래 수용하면 성장, 자발성, 열심, 능력, 그리고 기쁨의 결핍을 낳는다. 그리고 인습과 부드러운 깃털로 포장한 친절만 보이다가 결국 망할 것이다. 그러므로 바라나시의 정통 힌두교도들에게 초대교회의 독특한 기독교 진리가 필수적이다. 초대교회는 완전한 구원, 자유, 형제애, 기쁨, 그리고 성령님 안에서 영적으로 풍요로운 삶을 드러냈다.

(2) 협력 전도

바라나시의 힌두를 만날 때 기독교 교단을 드러내는 것은 적절치 않다. 대신 생명을 낳는 협력의 마음으로 교제를 하는 것이 필수적이다. 복음 전파를 목적으로 삼고 믿음과 인내로 실천해야 한다. 한 세기 동안 말씀으로 진리를 전했다. 즉 복음의 씨가 오랫동안 뿌려졌다. 남은 일은 오직 협력해서 수확하는 것이다.

(3) 예언자적 일꾼들

우리는 정말 기독교 교단의 교리와 신조 또는 신념이 아니라 복음주의의 중요한 진리를 강조해야 한다. 이론보다 생명이, 형식보다 마음이 중요하다. 힌두들은 충분한 형식을 갖고 있으므로 이제 영적으로 혁명적인 종교가 필요하다. 힌두들에게 이성보다 경험을 강조해야 한다. 성령님과 동행하고 열심히 일하고 예수 그리스도의 구원의 은혜를 경험한 일꾼들이 필요하다.

(4) 민족주의를 지지하는 기독교인

바라나시는 고대 전통과 현대 지식이 섞여 있다. 겉으로 보기에 그 둘 사이에 모순이 존재하지 않는다. 또한 종교적 충성심과 깊은 애국심이 조화를 이룬다. 기독교 일꾼들은 일반 교육을 충분히 받아야 하고 국가의 염원을 지지해야 한다. 자세히 말하면, 높은 수준의 지성과 감성을 갖춰야 한다. 그래야 대중을 신뢰를 얻을 수 있고 실제로 영적 영향력을 발휘할 수 있다.

(5) 힌두의 특성에 적응하기

복음을 전할 때 외적인 면에 대해서는 독특한 힌두 문화를 존중하는 것이 아주 바람직하다. 음악, 기도, 성경, 짧은 격려, 침묵, 그리고 명상이 있는 단순하고 매력적인 기독교 예배는 힌두를 그리스도께 인도하는 가장 좋은 방법 가운데 하나다. 전도자는 자신의 편견과 힌두의 미신적 관습을 언급하는 것을 피해야 한다. 즉 힌두의 감정을 상하게 하지 말아야 한다. 특히 음식과 옷에 관한 도덕관념을 비난하지 말고 힌두가 기독교인 가운데 편안함을 느낄 수 있도록 장애물을 제거해줘야 한다…

(The Seeker and Pilgrim, Vol. 13 No. 1, 1959)

22. '힌두교 접촉 시 필요한 현대 기독교 변증학 2'

변증학의 특징과 내용

1. 내 부족한 의견으로는 성경에 기록돼 있고 보편적인 교회의 경험으로 해석된 기독교 신앙을 힌두에게 전하는데 있어서 가장 효과적인 방법은 명상, 성경 추구와 실천, 예수님의 증인되기, 사랑하기, 봉사하기, 그리고 인도인의 생각과 감정을 가지고 완전히 인도의 문화 속에서 살기다…

2. 성경을 이해하고, 힌두교가 암시하는 영적인 것에 관해 예민한 통찰력을 가지고, 산스크리트어와 선교 대상 종족의 인도어를 제대로 아는 것이 필수적이다…

3. 진짜 힌두에게 진실한 모습을 보이고 힌두를 설득하려면 인도 역사, 사회학, 문학, 철학, 종교, 문화 그리고 문명에 관한 지식을 습득한 후 힌두의 민족주의를 폭넓게 지지해야 한다…

4. 인도 기독교인들이 특히 자신의 조상의 문화유산을 의식하지 않은 채 서양 신학을 지나치게 받아들이고 분별없이 서양 기독교 신학에 몰두했다. 그 결과 인도 기독교인들이 인도 문화에 적절하게 행동하지 못하게 됐다. 즉 불구가 돼버렸다…

5. 힌두교 외부에서 힌두교를 공격하는 것은 바람이나 물을 때리는 것 같다. 기독교는 힌두교 내부에서 발효돼 그 내부를 변혁해야 한다. 기독교 신자들은 힌두교의 상당부분이 확실히 파괴될 것이라는 것에 놀라지도 기뻐하지도 않는 것이 필요하다. 나는 궁극적으로 힌두교가 천천히 자연스럽게 죽겠지만 그 안에 있는 보편적

인 힘, 영감, 그리고 정신은 기독교 안에 존재하게 될 것이라고 믿는다… 군대 같이 호전적인 기독교는 내부의 힘과 지지를 추구하는 힌두교를 파괴시킬 수 없다. 기독교 효소는 힌두교 내부에서 발효돼야 한다. 그러면 힌두교 기관과 조직들 즉 율법적 제도가 파괴될 것이다. 그러나 기독교의 은혜로 깨끗해지고 채워진 힌두교의 진짜 보물들 즉 윤리적이고 영적인 가치들은 교회 안에서 생명력을 유지할 것이다…

6. 힌두가 영적으로 굶주리고 있을 때 예수 그리스도와 하나님의 은혜와 십자가와 부활의 능력을 힘입어 하나님의 계시를 건설적이고 긍정적이고 명확하게 소개하면 귀한 열매를 얻을 것이다. 기독교의 계시, 신앙, 그리고 영적 가치를 강조하자. 기독교의 도덕성을 높이고 그리스도의 도덕적 탁월성을 찬양하라. 힌두교에 실제로 존재하는 결함 때문에 힌두들이 무의식적이지만 빛과 만족을 주는 존재를 더듬어 찾고 있다.

7. 우리는 솔직하고 겸손한 참회의 마음으로 인도에 존재하는 서양 전통의 교회가 실패해서 약한 상태라는 것을 인정해야 한다…

8. 기독교 작가와 사색가들은 힌두 종교 용어를 두려움 없이 더 풍부하게 사용해야 한다… 인간의 어떤 말로도 기독교의 진리를 완전히 전달할 수 없지만 나는 힌두에게 진리를 전할 때 힌두 용어가 뛰어난 수단이라고 과감히 말한다. 인도 기독교가 힌두 용어를 제대로 사용하지 않아서 열매를 얻지 못하고 있지만 이것을 인식하는 사람은 거의 없다. 힌두들이 인도어로 된 기독교 문서를 읽어도 이해하지 못하고 있다. 교육 수준이 높은 힌두들은 인도어 성경보

다 영어 성경을 선호한다. 교육 수준이 낮은 사람들은 대개 인도어 성경이 어렵다고 생각한다. 힌두들은 찬송가, 기도 책자, 그리고 일반 기독교 서적에 쓰인 표현도 이해하지 못하고 있다. 기독교 진리를 인도 문화에 자연스럽게 넣을 때 기독교 변증학이 열매를 거둘 것이다.

9. …위대한 힌두의 중심 사상, 신앙, 관습, 그리고 제도를 이해하자. 그것들은 힌두의 토대이자 정수다. 그런 다음 그것들 안에 기독교 철학과 생명을 쌓아 올리자…

…남인도 코모린봉(Cape Comorin)에서 북인도 히말라야까지 대중 힌두교와 철학 힌두교 모두 광범위하고 활기차게 부활하고 있다. 하나님의 부르심을 실천하고 진실하게 살기 위해 힌두의 눈높이에서 힌두들을 만나고, 힌두의 언어로 대화하고, 진리와 신의 실체와 행복을 찾는 순례의 여정에 있는 힌두들과 함께 걷고, 궁극적으로 예수 그리스도에게 인도하자. 힌두는 예수님 안에서 원하는 것을 찾을 것이고 헤아릴 수 없는 방법으로 영생도 얻을 것이다.

(Pilgrim Vol. III No. 1, April 1943. 이 논문은 1942년 12월 인도 중부 뿌네에서 개최된 인도의 신학 과제(the Theological Task in India) 대회에서 발표됨. 이 논문의 전반부는 이 책 8번에 실려 있음.)

23. 귀납적 접근

독특함, 부활, 속죄, 그리스도의 신성 같은 교리를 특히 고압적으로 소개하면 힌두들은 혼란스러워하고 불쾌감을 느낀다. 역사에 존재했고 완전한 사람이자 모범이신 예수님을 소개해야 한다. 그러면 힌두가 감동 받고 자연스럽게 자신 안에 있는 신성을 따라간다. 그리고 예수님을 친구, 철학가, 안내자로 여기며 영웅의 존재처럼 숭배하고 마지막으로 구루(스승), 구원자, 그리고 하나님으로 믿는다. 힌두는 진리를 찾을 때 귀납적 방법을 사용한다. 이것이 힌두의 보통 종교 심리다. 예수님의 제자들도 이런 단계를 거치지 않았는가?

(The Church of Christ, Vol. 7 No. 2, 1970)

24. 교회와 세례

[一]

나는 주님과 하나님 나라를 사랑하고자 노력하면서 신중히 생각해 예수님을 주님으로 고백하지 않는 많은 사람들을 일부러 교회로 데려오지 않고 있다. 왜냐하면 사람이 예수님 안에서 구원자와 하나님을 발견하면 당연하고 자연스럽고 자동적으로 스스로 교회에 와서 교제하기 때문이다. 그런데 처음부터 사람들을 교회와 연결시키면 어려움과 문제가 발생한다. 자주 교회에서의 교제가 얕고 좁다…

나는 또한 교리와 신학 같은 것을 가르치지 않으려면 조심하고 있다. 왜냐하면 기독교가 가장 설득력 있고 모순 없는 신학을 가지고 있고 하나님과 진리를 찾는 구도자에게 삶의 최고의 철학을 제공하지만 교리와 신학으로는 사람들을 십자가로 데려올 수 없기 때문이다. 힌두들과 함께 철학을 토론할 때 대화를 이끌어가기 힘들어서가 아니다. 철학과 학생인 나는 철학이 유용하다는 것을 알고 있지만 철학은 사고방식일 뿐이기 때문이다. 나는 기독교 문명(서양 문화)을 존중하고 그 안에 아름답고 건강한 요소가 많이 있다는 것을 알고 있지만 진리를 추구하는 힌두들의 관심을 기독교 문명 또는 서양 문화라 불리는 것으로 절대 돌리지 않고 있다. 대신 개종자의 삶과 인도 교회에서 인도 문화를 무시하는 것에 관해 이야기해 오고 있다.

[二]

나는 또한 모든 구도자에게 다음을 아주 명확하게 설명해 오고 있다. 그리스도의 진리를 마음으로 깨닫지 않고 새 삶과 용서와 예

145

수님의 흘린 피와 부활과 성령 강림절을 통한 속죄의 바탕 위에서 성령님이 주시는 평안과 능력의 확신 없이 명목상의 '기독교인'이 되는 것은 무용할 뿐 아니라 잘못되고 비난받을 일이고 관심을 갖고 지켜본 사람들에게 상처를 주는 일이다. 즉 지적으로 개종해 단순히 세례를 받거나 교회의 활동에 매력을 느껴 신자와 제자와 하나님의 자녀가 아닌 상태로 기독교인이 되어서는 절대로 안 된다. 반대로, 예수 그리스도를 개인적 구원자로 고백하고, 그리스도(진정한 교회이자 교제)의 몸에 접붙여졌다는 의미를 깨닫고 예수님을 주님이자 하나님으로 공적으로 고백하고 세례를 받는 것은 처음에 임시적으로 오해와 분노를 일으키고 핍박을 받을 지라도 건강하고 좋은 일이다. 장기적으로 이런 결심은 관심을 갖고 지켜본 사람들에게 유익한 영향을 끼친다.

[―]

모든 잠재적인 개종자를 조사하고 부모나 보호자에게 연락하고 관심자를 세례식에 초청하는 것이 내 보통 습관이 되고 있다.

[―]

개인적으로 적절한 마음가짐과 방법을 고려하고, 다른 사람의 신앙을 이해해주고, 진리의 빛과 영감을 사용하고, 현지 문화와 영적 특징에 적절한 접근법을 사용할 때, 그리고 하나님의 은혜 아래서 믿음, 사랑, 그리고 겸손이 함께 하는 원리들을 분별력 있게 적용할 때 성령님께서 일하신다. 성령님은 하나님의 의지와 목적에 찬성하는 사람들을 구원하신다.

(From God's Redemptive Acts, p. 4-6. 이 책 66번과 15번 참고)

25. 나쁜 복음 중개자?

…기독교인들이 나를 '나쁜 복음 중개자'라고 비난하고 있다. 그러나 내가 그런 사람이라면 모든 전도자들 가운데 가장 늦게 그런 행동을 하는 사람일 것이다. 나는 나를 비난하는 사람들을 비방하지 않는다. 대신 진리를 발견할 때 직접적이고 솔직한 방법으로 접근한다. 나는 하나님께서 내 선조들을 어둠 속에 두셨다는 것을 받아들일 수 없다. 우리는 진리의 망가진 부분과 신의 모든 제안과 모든 나라에 오랫동안 내려오는 영감의 목적을 예수 그리스도 안에서 찾고 성취하고 있는 것이다. 예수 그리스도는 의의 태양, 하나님의 완전하고 최종적인 계시, 그리고 과거의 모든 선한 것보다 더 가치 있는 분이다. 내가 제안하는 것은 기독교 역사에서 새로운 것이 전혀 아니다. 초대교회의 그리스 신자들도 비슷한 일을 했다. 기독교 지도자들은 인도의 필요와 문화 상황에 적절한 복음을 전해야 한다는 것을 인정해야 한다.

(From Convictions of an Indian Disciple, p. 13)

II. 실수로 드러난 접근법 (153번 참고)

26. 설교에 관해 K. 숩바 라오(Subba Rao)를 논평함

나는 일부 선교사들의 태도, 정신, 그리고 방법을 비판한다. 그리스도의 유일성을 강조하는 교리 자체를 부정하는 것이 아니다. 정말 자부심과 우월성을 갖고 힌두를 낮게 보는 설교자들이 있다. 그들은 설교의 처음에 그리스도의 유일성을 교리이자 교리의 전제 조건이라고 말하고 마치 모든 것이 그리스도의 유일성의 선결 수용에 달려있다고 주장한다. 이런 접근은 잘못된 것이고 전술상의 실수다. 반복적으로 불쾌감을 일으키는 태도로는 힌두에게 성경의 진리를 전할 수 없다. 먼저 힌두가 예수님의 생명, 성품, 그리고 인격을 알도록 도와야 그들이 스스로 자연스럽게 그리스도의 유일성을 인식한다. 설교자들은 단순히 말로만 주장하면서 이론적으로 지적하고 있는가 아니면 정말 사랑과 겸손으로 살아가고 믿음과 헌신으로 그리스도의 유일성을 나타내고 있는가? 힌두는 교리의 정확함을 통해 진리를 확신하는 것이 아니라 진리 안에 살며 진리를 경험하며 확신한다. 얼마나 많은 설교자들이 예수님과 사도들처럼 자신을 대상자와 동일시하고 있는가?

이런 종류의 의식이 서양 기독교를 만들었는데 자부심을 가졌을 뿐 아니라 행동으로도 공격적인 면을 보였다. 부, 조직, 그리고 인적 자원이 이런 공격성을 살찌웠다. 제국주의, 호전성, 그리고 정치와 군사적 공격성을 가진 서양 기독교 민족들이 이런 모습을 보인다. 최근 몇 세기 동안 많은 서양 민족들이 약한 유색의 민족들을 향해 그런 행동을 했다. 정말 상상할 수 없을 정도로 사악한 일이다. 설교자들이여! 이런 사실을 인식하고 그리스도처럼 겸손하시오! 간디는 E. 스탠리 존스를 '신실하지만 잘난 체하는' 사람이라고 여겼다.

(The Church of Christ, Vol. 9, No. 3, 1972. 더 자세한 내용은 이 책 66번과 79번 참고)

27. UP주에서 힌두 전도

…UP주에서 20년 이상 사역한 내 경험에 기초에 몇 가지 결론을 내리고자 한다. 기독교 사역자들이 힌두 대상으로 최선의 열매도 못 맺고 목적에 부합한 사역도 하지 못하고 있다. 전도의 기본 목적에 반대하는 사역자들도 있다. 1세기 전 개척자들은 기본적으로 영혼을 사랑했지만 지금 선교사의 모습에서는 그런 모습을 볼 수 없다… 사랑의 부재는 관료주의, 영적 비효율, 그리고 나태를 낳았다. 인도인과 외국인 선교사들이 힌두의 삶과 신앙에 한심할 정도로 무관심하고 놀라운 정도로 무지하다. 많은 곳에서 나는 무례할 정도로 힌두에 관한 모든 것을 혐오하는 선교사들을 만났다. 10년 동안 바라나시와 근처의 센터에서 힌두 문화와 종교를 연구해오고 있지만 아주 소수의 선교사들만이 이 연구를 적용하고 있다. 먼 인도 남부, 그리고 동부와 서부에서 남녀들이 와서 적용을 배우고 있다. 그러나 정형화된 교회들은 아주 냉담하고 무관심하다. 나는 베다 힌두교의 태동지인 UP주의 기독교가 이슬람처럼 배타성을 추구하지 않기를 희망하고 기도한다. 또 하나의 황당한 모습은 쉬운 복음과 하나님 나라가 아니라 지나치게 교리와 교회 조직을 강조하는 것이다. 그리고 숫자에 집착해 세례와 개종을 통해 낮은 수준의 성도라도 늘리려고 하고 있다… 지나칠 정도로 핵심을 말하지 않고, 도덕적 교화와 이야기만 늘어놓고 복음의 핵심 즉 그리스도의 구원의 은혜 십자가와 부활은 거의 다루지 않는다.

너무 자주 지식층들에게 초점을 맞춰 설교를 한다. 힌두를 대상으로 하는 경우 먼저 마음에 매력과 역동성을 일으켜야 하고 그 다음에 그들이 스스로 제자도를 따르게 해야 한다. 비성경적인 관습을 고치는 계몽(개화)은 가장 마지막에 고려할 일이다. 그러나 나는 개신교가 예배, 가르침, 그리고 설교에서 지적인 면을 강조해 청중에게 너무 부담을 준다고 본다. 그 결과 열매 없는 논쟁 심지어 분노와 반감을 낳는다. 어떤 지역에서는 젊은 여자들과 성인 여자들이 노방 집회와 그 밖의 대중 집회에서 적극적으로 활동한다. 이것은 힌두 문화에서 불쾌한 일이고 기독교인과 힌두 모두에게 해를 끼치는 일이다. 나는 이미 더 신실하고 사려 깊은 사람들의 마음을 얻는 것에 관해 충분히 언급했다. 힌두를 대상으로 하는 전도를 전체적으로 철저히 연구해야 한다. 현재의 힌두 접근법은 무질서하고 잘 정돈되지 않은 상태다. 선교사들은 먼저 기독교 자체를 심오하고 충분하게 이해하고 7천 년의 역사에 자부심을 갖고 있는 인도에 기독교가 존재해야 하는 목적이 무엇인지를 알아야 한다. 교회와 선교 단체가 인도를 향한 책임감을 인정하든지 안하든지 인도의 미래는 기독교에 달려 있다. 언젠가 인도는 고민하고 현실을 직시하고 겸손하게 주님의 부르심에 순종할 것이다.

(The Seeker, Vol. 1 No. 3, 1947)

28. '사악한' 바라나시

'거대하고, 사악하고, 우상숭배하고, 가난한 도시' 이것이 최근 한 선교사의 보고서에 그려진 불쌍한 바라나시의 모습이다. 이 표현을 읽으면 자연스럽게 질문이 하나 생긴다. 전 세계에 실제로 살고 있는 기독교인이 약 2천 년간 바라나시에 복음을 전하려고 시도했는지 안했는지, 어떤 나라, 도시 또는 종족과 민족을 이와 같이 표현했는지 안했는지. 중대성과 필요뿐 아니라 우리가 하나님 안에서 선행과 악행, 신앙과 불신앙에 다소 같은 견해를 갖고 있다면 바라나시와 비슷하거나 더 심한 다른 수백 개의 도시에서 바라나시를 선정하는 이유가 뭔가? 중대성과 사악함 등을 제외하고 우리가 우상숭배의 진정한 의미를 이해했다면 런던이나 뉴욕이 바라나시보다 우상숭배를 적게 한다고 볼 수 없고 현대 서양이 시대에 뒤진 동양보다 부유하다고 말할 수 없었을 것이다.

우리는 불쾌한 단어를 사용하는 선교사의 태도가 옳은지 질문한다. 우리는 선교사의 정신상태가 건강하지 않다고 본다. 많은 인도 기독교인들처럼 선교사들도 오만, 독선, 자기중심주의, 그리고 전도에 열매를 맺지 못하는 것에 정말 책임을 지지도 않으면서 자기만족을 드러낸다. 선교사들의 이런 정신은 우리 주님과 사도들이 장려한 겸손, 평화, 공감, 이해, 희생, 봉사, 형제애, 그리고 사랑과 정반대다. 주님과 사도들이 장려한 것은 우리로 하여금 열매(회개와 예수님 따름)를 맺게 한다. 자만과 정죄는 사람들을 우리에게서 멀리 쫓아버리는데 이런 일이 인도에서 벌어지고 있다. 우리에게 수치다. 신약성경의 정신대로 살고 성장하려면 이런 태도들을 버려야 한다. 이런 비이성적인 태도와 비기독교적 정신을 갖고 있는

선교사들은 선교에 적당하지 않는 사람들이고 계속해서 인도에서
자신과 다른 사람들을 불쾌하게 하고 불행하게 한다.

(The Seeker, Vol. 3 No. 1, 1949)

29. 바라나시에서 설교함

[一]

바라나시에서 살며 출장을 다녀오며 선각자들의 훌륭한 모습과 타락한 모습을 볼 때 용기를 얻기도 하고 여러 가지 고통을 겪기도 한다. 바라나시가 인도 전역과 비슷한 상황에서 선교사들의 노방 전도나 시장 설교는 시대착오일 뿐 아니라 범죄다. 힌두들을 불쾌하게 만드는 이 방법으로 그리스도의 사랑과 진리의 복음을 전하기 위해 엄청난 돈까지 사용하고 있다는 것을 추측할 수 있다. 기독교인들은 복음도 제대로 이해하지 못하고, 리쉬(rishi. 아쉬람에 거주하며 깨달음을 나누는 수도승)와 무니스(muni. 깨달음을 나누지 않고 혼자 사는 수도승)와 사닥(sad-hak. 예언자)과 따빠스비(tapaswis. 헌신자)가 살고 있는 인도도 제대로 이해하지 못하고 있다. 인도에서 기독교인의 행동은 놀림감이다. 그들은 일주일에 한 두 번 한 시간 동안 거리나 시골에서 힌두를 향한 사랑과 관심도 기울이지 않고 삶과 문제와 상관없는 복음을 전하고 편안한 선교 기지로 돌아가려고 애쓴다. 기독교 전도자들은 힌두들과 개인적 또는 사회적 접촉을 하지 않는다. 그들은 이렇게 자신들의 전도 충동을 만족시킨다. 서양 교회는 이런 일을 하는 조직과 직원에게 엄청난 돈을 후원하고 있다. 인도뿐 아니라 전 세계에게 정말 예수님을 믿는 남녀 즉 하나님의 일꾼이 필요하다. 전도 대상자들의 기쁨과 슬픔, 필요와 문제를 자신과 완전히 동일시하고 영혼을 정말 사랑하는 신자가 필요하다. 기독교인들이 용기와 우정으로 사회적, 문화적, 종교적, 도시적, 그리고 종교적 영역에서 힌두들을 만나고 사회에 기여하고 도덕과 다른 문제에 해결책을 제공하면 힌두들이 기독교인들을 통해 예수님을 만나고 경배할 것이다.

(The Seeker, Vol. 2 No. 3, 1948)

30. '교육 수준이 높고 신앙이 깊은 힌두들을 대상으로 하는 선교'

[―]

인도 선교 초기에 대부분의 인도인과 외국인 선교사는 도시에 살며 설교하고 가르치고 글을 쓰고 찬양하고 기도하고 봉사했다. 그 결과 신실한 힌두들이 그리스도를 믿었다. 그러나 지난 1세기 동안의 힌두 대상 사역은 확실히 실패했다. 왜냐하면 거대한 자금과 능력 있는 선교사들이 주류 힌두가 아니라 부족민과 불가촉천민 즉 소외 계층의 집단 개종을 목표로 산간지대와 시골에 관심을 가졌기 때문이다. 그리하여 많은 인구가 살고 있는 인도 전역의 도시, 읍, 성지와 종교 기관(ashram, math)에서는 복음이 전파되지 않았다. 즉 상류 카스트 힌두, 전통 문화를 고수하는 힌두, 신앙심이 강한 힌두, 경건하고 헌신돼 있는 힌두에게 복음이 퍼지지 않았다. 사실 이런 주류 힌두들은 영의 음식과 도덕적 힘에 갈급한 사람들이다. 그런데도 대도시와 성지들은 사실상 복음이 전파되지 않았거나 명목상으로 전파됐다. 충분한 지성과 감성으로 가치 있고 효과적인 사역을 하는 전도자가 거의 없다. 힌두가 그리스도를 이해하고 따르고자 한다는 충분한 증거가 있다.

[―]

(The Church of Christ, Vol. 2 No. 2, 1965)

31. '힌두 성지 바드리나트(Badrinath)와 께다르나트(Kedarnath)의 길목에서 복음을 전하는 전도단'

감리교 선교부에서 올 여름 5월 15일에서 6월 15일까지 이 전도여행을 기획했다. 우리의 개인적 소망과 기간이 연장된 초대장에도 불구하고 우리는 그 전도단과 함께 갈 수 없었다. 그러나 우리는 대부분 레오나드(Leonard)의 학생들로 구성된 그 참가자들이 기독교인의 분별력으로 정말 성공하길 바란다. 안타깝게도 그 전도여행은 서양식이고 인도 상황에 잘 맞지 않는다. 기독교인들은 이름, 사상, 그리고 행동까지도 인도의 것을 수용해야 한다. 우리는 참가자 가운데 어느 누구도 화가 나더라도 대상자들을 불쾌하게 하지 않고 신약성경처럼 정말 건설적이고 긍정적으로 복음을 전하기를 바라고 기도한다. 힌두 선교에 성공한 전문가와 특별한 사람을 제외하고 아무도 힌두교를 언급해서는 안 된다. 특히 우리는 그 참가자들이 대상자를 접촉할 때 정직하고 친근하기를 기도한다. 부활하신 구세주가 지도자와 학생들 모두를 인도하시길.

(The Seeker, Vol. 6 No. 2, 1952)

32. 전도 방법

최근 몇 개월간 우리는 몇 군데 선교 기지에서 설교를 들었다. 일부 상황에서 설교자들은 연극배우 같았다. 모든 상황에서 힌두교를 비웃거나 이슬람 특히 파키스탄을 향해 거친 감정을 표출하는 것처럼 솜씨 있게 간디를 공격하거나 인도 문화를 무식하게 언급하거나 힌두교를 동정했다. 복음은 거의 전하지 않았다. 여러 지역에서 기독교 소녀들이 적극적으로 활동했다. 그래서 최소한 한 군데에서 소동이 일어났다. 설교자들은 개인적으로 친근하게 사람들을 접촉하기, 성경 공부, 기도와 조용한 실천의 중요성과 필요성을 거의 깨닫지 못하고 대중 집회로 접근한다. 이 모든 현상에서 우리는 기독교인들의 무감정적이고, 사무적이고, 논쟁을 즐기는 방법과 마음을 볼 수 있다. 기독교인들은 진리의 깊이와 실체를 원하는 인도인들을 얼마나 더 비웃을 것인가?

(The Seeker, Vol. 2 No. 3, 1948)

33. 아마추어 같은 열정

일부 외국인 기독교인들 특히 인도의 신진 신학자, 전도자, 그리고 기독교 정치가들이 기본적 상황 파악과 적절한 자격 그리고 견해 없이 미성숙하고 불쾌하게 라빈드라 나트(Rabindra Nath), 간디(Gandhi), 라다끄리슈난(Radhakrishnan), 오로빈드(Arobind) 같은 위대한 인도 사람들을 비난하고 공격하고 있다. 그들은 인도에서 기독교 진리와 교회를 전하려고 그런 행동을 하고 있다고 주장한다. 그러나 존경받고 효과 있는 비판을 하려면 인도인과 기독교인에 관한 깊고 넓은 지식을 소유해야 한다. 인도 교회는 아직 그런 학자, 성자, 그리고 천재를 배출하지 못하고 있다.

우리가 힌두교의 기초 지식을 소유하면 좋을 것이다. 예를 들어, 인도어로 방대한 힌두 경전을 철저히 배워라. 힌두교의 철학, 역사, 시, 사상과 신앙, 교리와 진리, 그리고 특성과 제도를 연구하라. 그런 다음 이 지식들을 기독교 신앙과 연결시켜라. 이런 작업이 자연스럽게 이뤄지면 기독교가 발전할 것이다. 즉 힌두들이 인도 용어와 사상으로 기독교 신앙을 표현하는 사회 제도와 문서를 매일 볼 수 있어야 한다. 서사시, 비평, 변증학, 주석, 그리고 위대한 책들이 모든 인간의 필요에 가치 있는 답을 줄 수 있을 것이다. 그러나 우리는 참 기독교 정신에 반대하거나 잘못 소개하는 어떤 사람이나 작가, 어떤 책이나 논문을 멀리해야 한다. 선교사들의 선교 동기가 정말 지나칠 정도로 빈약하고 비효과적이다.

우리가 힌두들을 접촉하고 비난할 때 단순히 전도 목적이 아니라 삶의 보다 높은 차원에서 해야 한다. 새 개종자의 우상을 파괴하고 자하는 열정도, 거만한 바보의 가벼운 호기심도, 새 모험을 위한 눈먼 조급함도 아니고 제대로 된 자세로 위대한 힌두 학자와 현자를 대우해야 한다. 인도의 환경에서 자연스럽게 자란 성숙한 기독교 신앙이 있어야 상황을 잘 헤쳐 나갈 수 있다.

(The Seeker, Vol. 2 No. 1, 1948)

34. 전도 태도

…힌두 신앙과 문화의 연구 필요성을 대중화하기 위해 우리는 지난 30년 이상 다양한 선교 단체와 교회를 접촉했다. 보다 체계가 잘 잡힌 교회들의 반응은 고무적이지만 역사가 짧고 자유로운 조직의 반응은 좋지 않다. 인도와 미국의 오순절 교회, EFI(Evangelical Fellowship of India), IBCC(India Bible Christian Council) 등이 후자에 속한다. 일부 교단은 자신들이 힌두교를 이해할 필요가 없고 복음으로 충분하다고 강력히 주장한다.

그들의 견해는 꽤 좋고 사실인 것도 있다. 또 다른 교단은 힌두교 연구를 완전히 반대한다. 인도에 보이는 사탄이 방심하는 사람들을 미혹시키려고 연출한 환상이라고 대담하게 단언한다. 하나님의 교회(Church of God) 출신의 한 미국인 선교사는 자신이 수백 만 명을 개종시키기 위해 인도에 왔다고 허풍을 떨었다. 그 불쌍한 선교사는 몇 년간 실패하다가 떠났다. 또 다른 연장자이자 다정했던 오순절 교회 출신의 미국 남자는 갠지스 강이 흐르는 히말라야 계곡의 사람들을 자신의 세대에 개종시켜야 한다는 확고한 신념을 가졌다. 현재 그는 산꼭대기에 머물고 있는데 병에 걸렸거나 약한 상태여서 곧 미국으로 떠날지 모른다. 불행하게도 외국인 선교사들을 부모처럼 따르는 우리 인도인 형제들의 태도는 외국인보다 훨씬 심한 상태다. 인도 기독교인들은 아무런 고민도 없이 노예근성으로 외국인들을 추종하고 있다… 진짜 쓰레기만 포함하고 있는 책들에서 잘못된 것들을 배운다. 그리고 힌두를 향해 완전히 어리석음과 증오로 가득 찬 편견을 드러낸다. 그들의 엄청난 열정은 존경받을 만하지만 비이성적이다. 그들은 부적절하고 잘못된 전도 신학에 기초해 행동한다. 우리 주님의 사고방식과 행동을 깊이 이해

160

해야 자신들의 문제점을 고칠 수 있다. 이런 종류의 선교사들을 인도로 보내는 선진국은 자신의 체면과 상식을 훼손시키는 것이다. 만약 인도가 그런 이기주의적이고 나쁜 '선교사들'이 오지 못하게 막는다면 서양과 인도 모두에게 좋을 것이다.

(The Seeker and Pilgrim, Vol. 14 No. 5, 1960)

35. 적절하지 않은 선교 용어

어떤 단어들은 서양과 인도에서, 영어와 인도어의 모든 복음주의 신학 서적에 똑같이 사용되고 있다. 예를 들면, 도전, 조우, 반대, 직면, 운동, 작전, 동원, 싸움, 십자군, 전투, 요새, 강화, 전선, 전략 등이다… 이 각각의 단어와 다른 많은 단어들이 우선적으로 군사적 의미를 갖고 있다. 호전성은 서양의 정신상태의 특징이다. 서양 문화가 호전성으로 가득 차 있는 반면 동양 문화 특히 인도 문화는 주로 그리고 반드시 비폭력적이고 순종적이다.

지금 인도에서 군대 용어로 복음을 소개하거나 전도를 생각하거나 책을 쓰면 인도인들이 이해하지 못하고 감사를 표하지도 않는다. 특히 영원한 신에 대해 주로 순종적인 개념을 갖고 자란 힌두들이 그런 반응을 보인다. 그래서 힌두들은 구약성경에 나타나는 무서운 하나님과 단어들을 싫어한다. 그러나 그들은 신약성경 특히 그리스도의 삶과 가르침에서 평안과 행복을 느낀다. 힌두들은 그리스도를 사랑, 공감, 겸손, 그리고 진정한 인간성의 성육신으로 간주한다. 물론 그리스도는 또한 적극적이고 능력과 용기가 있으며 절대적인 거룩함과 진리의 소유자다. 그러나 절대적인 거룩함과 진리는 우리의 사랑과 겸손을 통해 힌두들의 마음이 열릴 때 알려질 수 있다.

인도 같은 나라에서 군대 용어를 사용하는 것은 사람들을 그리스도께로 인도하는데 적당하지 않을 뿐 아니라 그런 용어를 사용하는 사람들에게 해가 된다. 그들 심성의 가치가 떨어지고 의도치 않게 그리스도의 모습을 왜곡시킨다. 군대 용어를 영적이고 상징적

십자군 원정을 떠나는 영국 리처드 1세, 1189년
Philpot, Glyn Warren; Richard I Leaving England for the Crusades, 1189; Parliamentary Art Collection

인 의미에서 사용하고 있다는 것을 알지만 사람들 심지어 최고의
전도자들조차 그런 단어들로 인해 오염되고 있다. 인도에서 가시
면류관을 쓴 우리의 왕을 소개하자.

(The Church of Christ, Vol. 7 No. 3, 1970)

36. '기독교인들과 라디오 사역'

  최근 몇 년간 기독교인들이 라디오 방송을 하려고 힌두들 그리고 다른 사람들과 다투고 있다. 선교사들과 월급을 받으며 돕는 조력자들은 시청각에 아주 열중하고 있다. 독립 평신도 단체(복음 가수, 설교자)와 외국 선교 단체가 방송을 빨리 그리고 넓은 지역에 내보내는 일에 지나치게 열중하고 있다. 그들은 전도를 잘못 이해해 효과성 면에서 건강하지 않고 해가 될 수 있는 일을 벌이고 있다. 믿음으로 살지 않는 많은 사람들이 예언자적 사역을 직업화시키고, 기계적으로 만들고, 위상을 손상시키고 있다. 그들은 그런 사역을 할 권리를 갖고 있지 않다. 그리스도의 살아 있는 진리를 전달하는 방법은 모든 세대에 동일해야 한다. 진리를 전파하는 하나님의 방법은 같다. 전도의 방법을 예수 그리스도와 그에게서 배운 직접 배운 제자들에게서 배워야 한다. 2천 년 간 많은 사람들이 예수님과 사도의 길을 벗어나 돈, 정치적 힘, 조직, 군중의 힘 등을 사용했고 개종시키기 위해 엄청난 물질을 사용했다…

  사람들에게 영적 소통에 한 가지 방법만 존재한다는 것 즉 사람들을 직접 접촉해야만 성공적으로 열매를 거둘 수 있다는 것을 알리자. 아무래도 현대 기술이 개인적이고 살아 있는 접촉을 줄인다. 하나님께서 보여주신 영적 삶과 진리의 유일한 전달 방법은 인간의 자연스런 목소리 즉 영적 성품을 통해 예수님의 모습을 드러내기다. 우리의 평범한 구루(스승)이자 아짜르야(지도자)이신 그리스도의 모습을 따르자. 구도자와 순례자들이 사는 인도에서 믿음으로 살고, 세상의 가치를 포기하고, 신중하고, 자신을 남과 동일시하고, 사랑하자. 너무 많은 설교자들이 깊이 생각하지 않고 힌두들

에게 어려운 방법을 동원해 기독교와 교회를 웃음거리와 조롱거리
로 만들고 있다.

(The Church of Christ, Vol. 3 No. 2, 1966)

III. 힌두들을 경험함

37. 바라나시에서 다스의 첫 8개월

1930년 7월부터 바라나시 BUCM(Banaras United City Mission)에서 활동한 이래 나는 많은 기쁨을 느끼고 격려를 받고 있다. 나와 함께 일하는 기독교 일꾼들이 다른 종교나 기독교를 신중히 다루지 않고 사역하다가 교육 수준이 높은 힌두들에게서 자주 비난을 받았다는 것은 사실이 아니다. 많은 힌두들이 진리의 관해 깊은 질문을 하고 관심을 보이고 있다. 그리스도의 정신이 널리 퍼져있고, 그의 영향력이 조용하게 사람들의 사고방식과 삶을 바꾸고 있다는 것은 정말 사실이다. 영원한 신의 진리를 찾는 진짜 힌두 구도자들은 힌두교가 부족하고 아주 약하다는 것을 발견한다.

어느 날 저녁 수염을 기른 뱅갈리 노신사가 공원에 앉아 있었다. 나는 평소처럼 조용하게 그의 옆에 앉았다. 화제가 민족주의자 문제로 옮겨졌다. 모든 견해에서 그는 그리스도에 관한 명백한 편견을 풍겼고 자신의 가치 기준과 더불어 자신이 기독교인이라는 것을 드러냈다. 그가 내가 전도인인 것을 알았을 때 대화가 중단됐다. 그가 진짜 기뻐했지만 떠났다.

다음의 사례들은 힌두 공동체에 예수님을 따르는 비밀 신자가 있다고 말한 사두 선다싱의 말을 상기시킨다. 나는 많은 지역에서 그 말이 사실이라는 것을 목격했다.

명석하고 지적이고 바라나시의 한 가트(ghat. 계단)에서 살고 있는 젊은 뱅갈리 사두(sadhu. 결혼하는 수도승)는 자신은 바라나시에 기독교인들이 있는지 몰라서 혼자 갠지스 강변에서 성경을 읽으며 성탄절을 지켰고 예수님의 성육신의 신비를 명상했다고 말했다. 그는 성경을 연구하고 있는 중이다.

띨락의 기타(Tilak's Gita) 연구에 빠진 한 젊은 사두는 어느 날 성탄절과 성경을 기억했다가 평안을 느꼈다. 그는 그때부터 신약성경을 가지고 다녔고 사두 선다싱의 『그리스도와 함께, 그리스도를 떠나』(With and Without Christ)를 읽은 후 신약성경에 감동받았다.

아주 겸손하고 선한 기질의 또 한 명의 뱅갈리 사두가 있다. 그는 '자신이 누구인지 깨달았다'고 말한다. 내가 그에게 '영원한 신이 누구인지 깨달았습니까?'라고 질문하자 그가 생각에 잠겼고 우리는 의미 있는 대화를 나눴다. 성경을 공부하고 있는 그는 점차 베단타 사상에서 예수님의 사상으로 기울고 있다.

자신의 삶과 아쉬람 생활을 언급하는 바이쉬나바(Vaishnava. 비쉬누파)의 거대한 종교 기관의 우두머리도 직업화된 많은 기독교인들보다 훨씬 나아 보인다. 그는 성경에 나오는 젊고 부유한 통치자처럼 좋은 사람처럼 보이지만 개인의 구원의 필요성을 아직 느끼지 못하고 있다. 내가 복음을 전하자 그가 생각에 잠겼다.

바라나시에서 포교 활동을 하고 있는 또 다른 현대 비쉬누파의 책임자는 그리스도의 진실한 선교에 관해 듣고 기독교 연구에 깊은 관심을 갖고 있다. 그는 기독교 선교사들이 기독교를 확장시키려고 애

썼다고 생각했다.

영어와 뱅갈어로 많은 책을 쓴 작가였다가 퇴직한 노인은 그리스도의 길이 모든 사람에게 가장 쉽고 좋다는 것을 인정했다.

이 사람들은 초기에 기독교를 접촉해 보지 않았지만 지금은 기독교를 향해 마음을 연 상태고 그리스도의 진리를 열망하고 있다.
[—]

나는 지금까지 많은 대학생과 젊은 민족주의자들을 만났다. 그들은 삶과 견해에서 무신론자(atheistic)이자 불가지론자(agnostic)이지만 만약 종교가 완전히 현시대에 실제적이라면 그리스도께 경배하고자 한다. 그들 가운데는 현대 과학 교육을 받은 의사, 사업가, 건축업자 등이 있다.

힌두 남자들은 종교를 포기할 수 있을지 몰라도 힌두 여자들은 심지어 본질이 아닌 것까지도 유지한다고 알려져 있다. 그러나 현대에 상황이 변했다. 힌두 여자들이 종교 문제에 관해 직관력과 실제적 상식을 적용하기 시작했다. 나는 기꺼이 기독교인이 되고자 하는 과부와 다른 사람들을 만났다. 어느 날 아침 한 힌두 여자 순례자는 어떤 사람이 갠지스 강에서 목욕을 한 후 성지 바라나시의 무의미함을 크게 비난하고 삶의 비참함을 원망하는 것을 들었다. 어느 날 아침 한 여자는 여생을 보내려고 자신의 아이들과 남편과 함께 바라나시에 와서 우리를 방문한 후 자신이 화가들과 시인들이 묘사한 바바 비쉬와나트(Baba Vishwanath. 바라나시의 주신인 쉬바신)와 마 안나뿌르나(Ma Annapurna. 어머니 안나뿌르나 여

169

신)의 영광과 능력을 볼 수 없다고 말했다. 즉 속임수와 거짓이 있다고 했다. 그녀는 이미 뱅갈 최동부에서 다른 기독교 여성들과 교제해 온 상태여서 복음을 아주 잘 알고 있었다. 기독교 학교에서 일하는 또 한 명의 여자 노인은 어느 날 아침 한 가트(계단)에서 나와 내 사역을 축복했다. 기독교 여성 교사들에게서 배웠던 또 한 명의 여자는 그리스도께 헌신하는 내용의 책 몇 권을 샀다.

위 사례에 등장하는 대부분은 교육 수준이 높고 종교 목적으로 바라나시에 온 사람들 이었다. 힌두 순례자 가운데 많은 사람들이 우리의 전도 책자와 주소를 가져갔고 다른 지역에 있는 선교사들의 주소를 요청했다. 다양한 방법으로 뿌려진 씨앗과 뿌려지고 있는 씨앗이 열매를 맺을 것이라는 것을 믿어야 한다.

(The Church of Christ, Vol. 5 No. 2, 1968. 초고는 1931년 2월에 썼음)

38. 바라나시에서 22년

  …내가 바라나시에서 22년 간 시도한 것이 무엇이든지간에 그 배경에는 내 기독교 신앙과 힌두 문화전통이 있다. 나는 항상 일관되게 진리를 이해하고 고백하고 그리스도를 건설적으로 전해 왔다. 나는 그리스도를 사람들의 가장 고귀한 열망을 성취시켜 줄 뿐 아니라 그보다 더 많은 것을 주는 사람이라고 소개하고 있다. 사람들이 거주하는 곳에서 우정과 협력의 정신으로 사람들을 접촉해 사람들의 관심사와 그리스도의 가르침과 목적을 나눈다. 지옥과 불을 언급하는 설교는 피한다. 중요한 힌두 신앙과 기독교 진리 사이의 유사점에서 시작해 그리스도의 유일성과 기독교의 차이점을 완전하고 더 심오하게 소개한다. 두 종교의 상반되거나 파괴적인 면은 언급하지 않는다. 일단 힌두들이 기독교의 좋은 점을 이해하면 그들 스스로 기독교 신앙과 반대되는 힌두 신앙과 관습을 무가치하게 여기고 거부한다.

  사람들이 따르는 것은 부정적인 면이 아니라 긍정적인 면이다. 그리스도를 진리의 기준이자 행동의 규범으로 소개해야 한다. 성실하게 노력하면 논쟁이나 충돌을 피할 수 있다. 우리는 옷, 음식 등 사회적인 면에서는 인도의 문화를 따르고 정치적인 면에서는 인도의 희망을 나눴다. 그 결과 정통 힌두교도들이 우리를 자신들과 동일시했고 더 깊은 대화를 나눌 수 있었다. 힌두에게 감동을 주는 인도어로 된 소책자가 거의 제대로 사용되지 않고 있다. 기도, 설교, 찬양들이 쉬운 인도어, 인도 선율, 인도인의 감정으로 되어 있으면 인도인들의 마음을 즉시 사로잡을 수 있다. 정통 힌두들은 그리스도를 항상 낯설고 멀게 느낀다. 기독교인들이 그런 감정을 줬기 때문이다…

우리는 대상자의 상황을 고려하면서 만난다. 어디서나 그들을 만난다. 우리는 개인적인 방문을 정말 즐기고 돌아온다. 비교 종교학을 공부한 사람들은 기독교의 차이점을 강조하지만 우리는 서양 기독교와 그리스도의 연관성을 제거한다. 우리는 그리스도와 성경(주로 신약)을 소개하지만 서양 기독교와 서양 신학은 잘 소개하지 않는다. 사람들을 직접 만나서 복음을 단순하게 선포할 때 열매를 맺는다. 우리는 편지로 다른 지역에 살고 있지만 복음에 관심을 갖고 있는 기독교인들과 연락하고 있다.

우리는 사람들이 유일하고 우리 모두의 아버지 되시는 하나님을 예배할 수 있도록 일요일 아침에 보통의 기독교 예배와 다른 단순한 예배를 드리고 있다. 다사쉬와메드 가트에 있는 도서관과 독서실에서 참가자들은 더 심오한 질문을 나눈다. 우리가 인도 문화에 적절하게 정통 힌두들에게 다가가면 그들은 기독교가 자신들의 경쟁자이자 파괴적인 종교라고 생각하지 않고 존중하고 연구하고 주목할 가치가 있는 종교라고 본다. 그래서 보통 우리를 친절하게 대한다. 그들은 기독교를 단순히 정복자와 부와 강력한 세력을 가지고 있는 서양 국가의 후원을 받는 종교가 아니라 그 원천이 겸손한 나사렛 예수라는 것을 생각하기 시작했다. 또 하나의 결실이 있다. 정통 힌두들은 보통 인도인 기독교인과 외국인들을 피하지만 나는 그들과 아주 자주 어울린다.

기회, 결과, 방해: 위에서는 기회를 소개했다. 기독교인들은 바라나시가 여전히 기독교를 향해 엄청나게 적대적이고 고집이 세다고 본다. 오래 전에 한 선교 단체가 바라나시의 브라민 대상 선교가 너무 어렵다고 철수했다. 다른 선교 단체들은 정통 힌두교 대상 선교

172

를 피하고 사무 업무를 위한 기관만을 설립하거나 의기소침한 상태다. 힌두들과 우정을 쌓고 그들을 이해하는 내 방법을 통해 놀랍게도 힌두들이 기독교에 관심을 보이고 있다. 정통 힌두 학파, 대학교, 그리고 종교 기관이 성경을 요청해서 우리가 전달했다. 우리는 단순하게 예배 모임을 가지며 복음 전파를 하고 있다. 많은 숫자는 아니지만 신실하고 깊은 관심을 가진 사람들이 참석하고 있다. 그들은 성경 공부와 면담을 위해 온다. 일부는 큰 정신적 혼란이나 도덕적 어려움 때문에 와서 영적 안내자, 빛, 능력을 구한다. 서양식 교회의 교리와 다른 식으로 예수 그리스도와 신약성경을 성실하고 건설적으로 소개하면 그들이 아주 좋아한다. 그들은 즉시 정직하고 분별력 있게 반응한다.

나는 세례가 아니라 영적 갱생, 교인이 되라고 강조하는 것이 아니라 그리스도의 몸과의 교제를 강조하지만 세례를 받으라고도 반복적으로 요청했고 일부가 받아들였다. 첫 열매는 브라민 산야시였다. 힌두들에게 가장 중요한 장소인 다사쉬와메드 가트(계단)에서 내가 그에게 침례(세례)를 줬다. 힌두 구경꾼들이 놀라운 표정으로 관심을 나타냈다. 순례자가 된 젊은 민족주의자, 도보로 순례하는 노인, 브라민 과부와 다른 산야시들도 침례(세례)를 받았다. 세례의 한 가지 방해물은 사역자와 영적 안내자가 모든 개종자들이 겪는 경제적 어려움을 도울 수 없다는 것이다. 그래서 나는 하나님께 의지하려고 노력하고 있고 개종자들이 그리스도께 의지하도록 하고 있다. 여전히 강한 카스트 제도로 인해 개종자들은 힌두 사회와 경제적 위치에서 쫓겨난다. 이런 비참한 상황에서 개종자들은 자신들을 그리스도께 안내한 사역자를 바라본다. 개종자들을 임시적으로 돕는 것이 필요하다. 많은 사람들이 경제적 이유로 세례를 거부하는 것을 볼 때 나는 고통스럽다. 대학교를 수석으로 졸업했지만 세상을 아주 싫어하며 방황했던 한 사람은 성경을 읽고 나와 함께 기도하고 있다. 그가 그리스도를 따르기로 결정한다면 그도 똑같은 경제적 어려움에 직면할 것이다.

다른 어려움들도 있다. 그것들을 간단하게 열거한다.

1. 교회 안의 개종자를 사랑하고 그와 우정을 쌓거나 영적으로 지지해주는 가족이 부족하다. 교회가 메마르고 딱딱한 조직으로 운영되고 있다. 한 두 명의 신자만 개종자들에게 관심을 기울이고 있다.

2. 인도 민족주의의 외침에도 불구하고 기독교 공동체는 애국심을 고취시키지 못하고 있다.

3. 바라나시 같은 대도시에서 전도자는 신지학자(Theosophist), 라마끄리슈나 선교회(Ramakrishna Mission), 아르야 사마즈(Arya Samaj)에 반대하는 사람들, 그리고 돈을 추구하는 이기주의적인 제사장들을 포함한 다양한 종교인들을 만나야 한다. 지적, 정치적, 사회적으로 깨어난 정통 힌두의 적개심은 날카롭다.

4. 청소년들이 종교에 무관심한 이유는 세속적 사고방식, 주로 은밀한 부도덕 때문이다. 그들은 성에 관해 초현대적인 생각을 가지고 있다. 서양 영화와 이야기책을 통해 그런 영향을 받고 있다.

5. 문맹이며 제사장들의 영향을 강하게 받고 있는 평범한 시골 힌

두들을 만나기는 어렵다. 인내와 믿음으로 적극적으로 그들을 찾아
나서야 한다.

6. 종교적이고 신실한 정통 힌두들은 새로운 사상을 받아들이지
않는다. 기독교인의 신실함과 사랑으로 다가가야 한다. 지성과 감
성적으로 충분히 준비돼 있는 전도자들이 정말 적은 것이 힌두 사
역의 최대 장애물이다. 힌두 종교와 문화에 깊은 지식을 갖고 있고
특히 힌두 세계관을 이해하려는 목적으로 인내로 경건한 힌두를 사
랑하고 공감하는 일꾼을 찾기가 힘들다. 기독교를 단순히 소개하
려는 전도자가 아니라 힌두를 개인적으로 만나서 깊은 우정을 쌓
고자 하는 사람이 없다. 선교 단체에서 훈련 받은 전도자들은 바라
나시에서 힌두 친구를 사귀지 못하고 있다.
[—]

구원자이자 주인이신 예수 그리스도를 소개하기 위해 기독교인
들이 인도의 아쉬람을 잘 활용하면 힌두들이 예수님에게 무관심하
지 않을 것이다. 나는 선교사들이 영적이고 참된 힌두들을 대상으
로 사역할 때 문화적으로 적절한 방법과 생각을 적용하도록 계속
기도하고 있다. 그러나 선교사들은 재정적 이유와 분열과 질투 때
문에 제대로 적용하지 않고 있다. 나는 이것을 믿음으로 적용하려
고 노력하고 있다.

(Pilgrim, Vol 11 No. 3, 1952. 이 글의 첫 부분은 이 책 10번에
있음)

39. 전도 음악

대략 매년 한두 번 나는 BTS(Bareilly Theological Seminary) 찬양단을 초청한다… 우리는 갠지스 강변의 가트(계단)에 가서 책이 부분적으로 진열된 돗자리에 앉는다. 힌두 청중들은 기독교 바잔(bhajan. 인도 전통 선율에 바탕을 둔 찬양)을 좋아했다. 중간 중간에 일부 사람이 복음을 전하거나 성경을 읽고 성경구절이나 이야기를 해석한다. 가끔씩 질문과 대답이 있지만 우리는 절대 논쟁하지 않는다. 이 방법이 아주 효과적이다. 힌두는 이런 식으로 거의 매일 가트나 신전에서 라마야나(Ramayana), 기타(Gita) 또는 바가바타 뿌라나(Bhagavada Purana)를 전한다. 특히 힌두의 거룩한 날과 축제 때는 꼭 한다. 이보다 보통 사람들에게 종교와 도덕을 가르칠 수 있는 더 나은 방법은 없다고 본다.

(Autobiography, Section 6, p. 15)

40. 그리스도를 향한 비전

[다음은 한 힌두에게 답장한 내용에 견해를 붙인 것이다. 그는 그리스도를 환상이나 꿈이 아니라 물질적이고 객관적인 것으로 봤다고 말했다.]

정말 그것은 환상도 꿈도 아니었다. 그것은 부활하신 예수님의 영광스러운 모습이었다.

힌두들은 교리의 가르침이 아니라 개인 경험을 통해 그리스도를 배우고 마지막에 그리스도에게 순종하고 회개한다.

개인 경험이 중요하지만 예수님의 참 제자가 되고 또 다른 사람을 전도할 수 있도록 더 깊게 배워야 하고 더 중요한 일들을 해야 한다.

41. 개종자들의 문제

기독교 진리를 깨달은 힌두 특히 교육 수준이 높고 영적인 힌두가 겪는 가장 큰 어려움은 교회 안에 도움이 되는 교제와 힌두 문화에 적절한 분위기가 부족하다는 것이다. 나는 세례 받았거나 세례받지 않은 힌두 출신의 많은 기독교인들이 힌두교와 기독교 공동체의 주류에 끼지 못하고 주변에서 눈치 보며 살고 있다는 것을 알고 있다. 그들 가운데 일부가 자신들의 모임을 만들려고 할 때마다 교회 지도자들이 교회 질서에 어긋나는 행동이라고 정죄했다. 정말 교회 질서를 깨는 행동인가? 언제까지 그들을 억누를 수 있을 것인가? 교회가 터무니없는 책임감으로 끔찍한 일을 강요하고 있다. 교회는 그리스도 안에서 현지 문화에 적절하고 영적인 다양성을 인정해 풍요로운 공동체를 만들어야 한다.

(The Seeker and Pilgrim, Vol. 14 No. 1, 1960. 이 책 126번 참고)

주목할 만한 인도 관련 도서 소개

인도 선교의 이해 1. 2

진기영
CLC. 2015. 2016

인도 선교역사, 힌두교, 힌두 선교 방법론 등 수록. 제 2권은 1권보다 더 구체적임.

인도의 눈으로 본 예수

다야난드 바라띠
밀알서원. 2017

브라민 출신 기독교인이 인도 선교가 처참하게 실패한 이유를 점검하고 인도 문화에 적절한 전도 방법 안내.

두 갈래 길

이계절
밀알서원. 2016

인도 문화에 적절하지 않은 용어, 서양식 예배, 어려운 설교 대신 힌두들이 자연스럽게 받아들일 수 있는 형식 소개.

인도에서 자전거 함께 타기 1. 2

이계절
퍼플. 2017

한국인 선교사가 미국인 선교사에게 배우며 동역자로 성장해 나가는 과정.

끝나지 않은 이야기

이계절
밀알서원. 2014

인도 선교학교에서 발생한 아름답고 슬픈 두 개의 사랑이야기 속에 멤버 케어(선교사 돌봄) 부족, 미성숙한 지도력, 재정 의존성, 선교지 문화에 대한 무관심, 복음과 문화 구분 혼란, 그리고 구원의 확신 부족 문제를 다룬다.

라마바이

빤디따 라마바이
해피소드. 2017

힌두 여성과 어린이 복음화에 헌신한 전도자. 세계 최초 여성 성경 번역가. 사회 개혁가.

76세 독일 할매랑 슬리퍼 신고 히말라야 트레킹

이바다
롤링비틀. 2015

인도에 사는 독일 할매, 네팔 청년 그리고 한국인 저자의 우정과 갈등. 히말라야의 웅장함 뿐 아니라 인도 문화를 맛깔스럽게 소개.

인도 카레 아줌마와 나

이바다
밀알서원. 2017

인도 카레 아줌마와 그녀의 딸 그리고 한국인 청년의 삼각관계. 저자가 7년간 민박집에서 체험한(외부인이 알기 힘든) 인도 문화의 속살.